도쿄 리테일 트렌드

도쿄 리테일 트렌드

공간 속에 숨겨진 10가지 인사이트

정희선 지음

일에일북ㄱ

언젠가부터 '오프라인의 위기'라는 말이 자주 들립니다. 코로나 19 이전부터 쇼핑의 주무대가 온라인으로 이동하면서 단지 '물건을 사기 위해' 매장을 방문하는 사람들이 줄어들었기 때문입니다. 특히 2020년 닥친 코로나19 팬데믹은 이러한 트렌드의 기폭제가 되었죠.

전 세계적으로 외출이 제한되기도 하고 상업 시설들이 휴업하기도 하면서 소비자들은 반강제적으로 온라인에서 모든 것을 구입하게 되었습니다. 2020년 한국의 온라인 쇼핑 거래액은 2019년 대비 1년 만에 19% 증가한 160조 원을 달성했으며 2021년은 다시 21% 증가한 193조 원을 달성했습니다. 이제 필요한 물건은 클릭 한 번으로 다음 날, 아니 1~2시간 이내에 집 앞으로 배송되는 시대

• '온라인쇼핑 거래액 200조 육박… 배달 등 음식서비스 '단연 1위', <한겨레>, 2022년 2월 3일

입니다. 또한 코로나19 팬데믹은 온라인 쇼핑을 하지 않던 고령층까지도 온라인 쇼핑에 발을 들여놓게 만들었습니다.

하지만 이러한 상황에서도 전문가들은 오프라인 매장이 없어질 것이라고 말하지 않습니다. 지금 이 순간에도 기업과 유통업체들은 오프라인 매장에 힘을 쏟고 있습니다. 오프라인 공간에서는 온라인에서는 경험할 수 없는 감각을 느낄 수 있습니다. 온라인에서 눈으로 보는 것보다 실제 매장에서 한 번 만져보고 향을 맡아보고 입어보는 경험은 강력합니다.

오프라인 매장은 앞으로도 우리 생활에 없어서는 안 될 존재일 것입니다. 하지만 더 이상 물건을 가득 쌓아놓고 '물건을 판매'하는 역할만으로는 고객들을 만족시키지 못할 것입니다. 오프라인 리테일에 지금까지와는 다른 역할이 기대되고 있습니다. 변화하는 시대에 맞추어 한국뿐만 아니라 전 세계적으로 오프라인 유통과 매장들은 새로운 역할을 모색하고 있습니다.

아쉽게도 코로나19로 국경을 넘는 것이 힘들어진 지난 3년간 도쿄의 브랜드와 리테일러들이 만든 공간에도 적지 않은 변화가 일었습니다. 이 기간에도 도쿄에는 수많은 리테일 공간이 탄생해 소비자들과 만나고 있습니다. 오프라인 매장들은 대변혁의 시기를 겪고 있으며 위기를 극복하기 위해 공간은 진화하고 있습니다. 도쿄의 오프라인 매장들도 마찬가지입니다. 코로나19 확산 전부터 줄어드는 고객으로 인해 고심하고 있던 와중 엎친 데 덮친 격으로 닥친 코로나19 팬데믹, 이러한 상황에서 오프라인 매장의 변신은 선택이 아닌 필수가 되었습니다.

오프라인의 위기라 불리는 지금, 리테일러들은 더 현명하게, 더 창의적으로 공간을 설계하고 소비자들을 불러들이고 있습니다. 한국과 마찬가지로 많은 브랜드가 체험형 매장을 열어 브랜드의 정체성을 알리고 있습니다. 물건을 파는 것이 주목적이 아닌 소비자의 행동을 관찰하고 브랜드를 소개하기 위한 역할을 하는 쇼룸형 매장은 최근 도쿄의 리테일 업계에서 존재감을 드러내고 있습니다. 매출 감소의 위기에 직면한 많은 백화점이 쇼룸형 매장에서 살길을 모색하고 있기 때문입니다.

전국적으로 매장을 전개하며 소비자들의 일상을 파고드는 츠타야와 무인양품과 같은 '라이프 스타일 브랜드'들의 매장에도 조금씩 변화가 일고 있습니다. 전국 곳곳에 똑같은 모습의 매상을 만드는 것이 아니라 지역의 특성을 이해하고 지역색을 드러내는 매장, 오직 그곳에서만 만날 수 있는 매장을 만들고 있습니다. 무인양품과 츠타야의 본질은 유지하면서요.

그뿐만 아니라 최근 화두가 되는 친환경 활동에 힘을 쏟고 지역을 살리는 일에 앞장서기도 합니다. 이러한 활동들 또한 리테일 공간에 고스란히 드러나고 있습니다.

공간은 브랜드의 전략이 함축된 공간입니다. 잘 설계된 공간은 고객을 불러들이고, 고객을 머물게 하고, 고객을 브랜드의 팬으로 만듭니다. 코로나19 팬데믹 상황에서 굳게 닫혔던 도쿄의 문이 조금씩 열리고 있습니다. 지난 3년간 도쿄의 리테일 신(scene)은 어떻게 바뀌었을까요?

저와 함께 도쿄의 리테일 공간들을 돌아보실까요?

정희선

차례

1장

물건이 아닌 체험을 팝니다

언제든 클릭 한 번만으로 원하는 물건을 살 수 있는 시대,
제품을 판매하는 공간으로서
오프라인 매장의 역할이 옅어지고 있습니다.
이제 오프라인 매장은 브랜드를 알리고
체험할 수 있는 공간으로 변신하고 있습니다.
공간 자체가 브랜드를 홍보하는 강력한 채널이 되고 있습니다.

◈ ◈ ◈

　최근 전 세계를 막론하고 가장 흔하게 볼 수 있는 매장의 변신은 바로 '체험형 매장'입니다. 브랜드들은 오감을 자극하는 공간을 만들어 자신들의 제품과 브랜드를 알립니다. 오프라인 매장이 소비자들을 불러들이는 방법 중 하나는 매장을 물건을 판매하는 장소가 아니라 브랜드의 철학이나 세계관을 전달하는 체험형 공간으로 만드는 것입니다.

　소비자 또한 물건을 구입하는 것이 아니라 브랜드가 만든 공간에서 시간을 보내고 브랜드를 '체험'하러 오프라인 매장에 갑니다. 고객은 자연스럽게 브랜드의 팬이 될 뿐만 아니라 SNS에 인증샷을 올리는 사람들이 늘며 브랜드의 홍보로도 이어집니다.

　국내에서도 아모레퍼시픽의 '아모레성수', 코오롱스포츠가 운영하는 '솟솟상회', 경기도 이천에 문을 연 '시몬스 테라스', 젠틀몬스터가 만든 '하우스도산' 등 체험형 매장들이 화제를 불러일으켰고,

15

지금도 다양한 브랜드가 체험형 매장을 선보이고 있습니다. 도쿄에서도 체험형 매장들을 쉽게 찾아볼 수 있습니다. 화장품, 의류뿐만 아니라 최근 인기가 높아진 캠핑 용품 등 우리 생활에 밀접한 브랜드들이 어떠한 공간에서 어떠한 체험을 전달하고 있는지 둘러보겠습니다.

<hr/>

나만의 아름다움을 찾는 공간, 시세이도

최근 화장품과 생활용품 브랜드들은 디지털 기술을 활용해 고객 개개인에게 맞춤형 제품을 제공함으로써 고객의 만족도를 높이고 있습니다. 국내에서는 아모레퍼시픽이 그동안 개발한 기술들을 접목한 체험형 매장들을 선보였죠. 도쿄에서도 비슷한 공간이 다수 등장했습니다. 고급스러운 공간을 구현해 브랜드의 이미지를 높임과 동시에 기술을 활용해 고객들이 자기 피부에 맞는 화장품을 찾을 수 있도록 '진단' 혹은 '맞춤' 서비스를 제공하고 있습니다.

한국에도 널리 알려진 화장품 브랜드인 시세이도(SHISEIDO)는 2020년 7월 말 글로벌 플래그십 매장을 도쿄 긴자에 열었습니다. 2020년 개최 예정이었던 도쿄 올림픽에 세계 각국의 관광객들이 도쿄를 방문할 것을 대비해 브랜드 인지도를 높이기 위함이었죠.

시세이도 플래그십 매장 전경

좌. 거울처럼 보이는 곳 아래에 위치한 박스에 제품을 올려놓으면 제
품에 관한 정보와 가격이 화면에 표시된다.

우. 태블릿 PC를 통해 아이섀도와 립스틱 등 색조 화장품을 사용한 가
상 메이크업이 가능하다.

©정희선

시세이도가 전 세계의 관광객을 상대로 브랜드를 알리기 위해 약 3년에 걸쳐서 준비한 플래그십 매장은 어떤 모습일까요?

시세이도의 도쿄 플래그십 매장은 '기술과 인간의 융합'이라는 콘셉트하에 각기 다른 테마를 가진 3개 층으로 구성되어 있습니다. 1층은 '뷰티와 놀자(play with beauty)'라는 테마로 구성되었습니다. 최신 디지털 기술이 집약된 공간으로 놀이하듯 시세이도 제품을 체험해볼 수 있는 공간입니다.

매장에 설치된 디지털 패널을 통해 간단한 설문에 답하면 나에게 맞는 최적의 스킨케어 제품을 제안해주고, 메이크업 시뮬레이터로 색조 화장품을 메이크업한 모습을 확인할 수 있습니다. 특히 코로나19 확산 방지를 위해 대부분 화장품 매장에서 색조 화장품을 시험해보는 것을 금지했는데, 이곳에서는 손으로 만지거나 직접 발라보지 않아도 패널을 터치하는 것만으로 색감을 확인할 수 있습니다. 또한 자신의 피부색에 맞는 파운데이션 색상을 찾아주고 추천된 파운데이션이 자동으로 분사되는 파운데이션 바(bar)도 설치되어 있습니다.

1층이 고객 혼자 디지털 기기를 이용해 노는 공간이라면 2층은 뷰티 전문가에게 피부 고민을 상담하고 메이크업도 받아볼 수 있는 공간입니다. 스킨케어와 메이크업 관련 수업도 종종 열려 오래 머물며 다양한 뷰티 팁을 얻고 싶은 사람에게 알맞은 공간입니다.

마지막으로 지하 1층에는 미국에서 수입한 명상 캡슐인 '소마돔

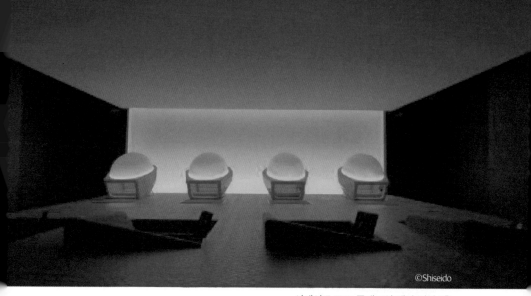

시세이도 도쿄 플래그십 매장 지하 1층

©Shiseido

(Somadome)'을 설치했습니다. 캡슐에 들어가면 음성이 명상을 안내하며 빛, 향기, 소리, 특정 파장을 이용해 최적의 명상 상태를 유도합니다. 시세이도는 외면뿐만 아니라 내면의 아름다움을 강조하는 브랜드 철학을 가지고 있어 매장 내에 명상이 가능한 장소까지 만든 것이죠.

©Shiseido
시세이도 에스 커넥트

　여기까지는 다른 화장품 브랜드의 체험형 매장과 크게 다를 것이 없어 보입니다. 하지만 시세이도 플래그십 매장을 차별화시키는 가장 큰 특징은 '에스 커넥트(S connect)'라는 이름의 손목 밴드입니다. 매장에 들어서자마자 시세이도 직원이 손목 밴드를 건네며 사용법을 간략하게 설명해줍니다. 손목 밴드를 착용하고 매장 내 여러 제품을 체험해보다가 상품이 마음에 들 경우 상품 옆에 위치한 단말기에 손목 밴드를 가져다 대면 상품 정보가 손목 밴드에 저장됩니다.

매장을 다 돌아본 후 QR코드를 한 번 스캔하기만 하면 상품이 저장된 온라인 페이지로 연결되어 바로 계산할 수 있습니다. 혹은 매장에서 구입하지 않더라도 정보가 온라인과 연동되어 있기에 나중에 구입하는 것도 가능합니다. 손목 밴드에 고객이 체험한 제품의 정보가 저장되어 언제든 다시 꺼내볼 수 있는 것입니다.

에스 커넥트 손목 밴드는 2가지 중요한 역할을 합니다. 우선 고객 입장에서 정보를 쉽게 기억할 수 있도록 도움을 줍니다. 고객은 1층에서 다양한 디지털 기기를 체험하다 보면 관심을 가졌던 제품에 관한 정보를 잊어버리기 쉽습니다. 저도 놀이하듯이 이것저것 터치하며 시간을 보내다 보니 어떤 제품에 관심을 가졌었는지 어떤 색상의 립스틱이 마음에 들었는지 등을 전부 기억하기 힘들었습니다. 그런데 모든 정보가 손목 밴드에 통합되어 있어 며칠 뒤에도 웹사이트에 로그인만 하면 정보를 재확인할 수 있다는 점이 큰 장점으로 느껴졌습니다.

또한 브랜드 입장에서는 손목 밴드를 통해서 고객이 매장을 방문하기 전과 방문 시, 방문 후까지 연계해서 고객의 행동을 이해할 수 있습니다. 오프라인 공간을 방문한 고객이 어떤 제품에 관심을 가졌는지, 그중에서 어떤 제품을 구매했는지, 나중에 온라인으로 어떤 제품을 구매했는지와 같은 행동을 전부 파악할 수 있는 거죠.

시세이도의 글로벌 브랜드 유닛 매니저 히라야마 씨는 월간 잡지 〈상점 건축〉과의 인터뷰에서 온라인과 오프라인을 연결하는 체험의 중요성을 강조합니다.

"소비자의 구매 행동이 변화하고 있습니다. 지속적으로 고객과 상호작용하지 않으면 안 되는 시대입니다. 여태까지 매장의 체험은 매장을 나서는 순간에 끝나버렸습니다. 하지만 언제 어디서나 물건을 구입하는 것이 가능한 시대에는 방문 전에 검색한 정보나 매장에서 사지 않았던 제품 및 매장에서의 경험이 고객이 매장을 떠난 후에도 계속 살아 있어야 합니다."

이러한 철학에 따라 2층에서 뷰티 전문가에게 상담을 받은 고객은 매장을 떠난 뒤에도 자신의 라이프 스타일에 맞는 요리 레시피나 운동 동영상을 제공받습니다. 오프라인 매장에서의 체험이 일상생활에도 침투되도록 시세이도가 지원하는 것이죠.

시세이도의 매장을 함께 기획하고 실제 공간을 구현한 디자인 컨설팅사인 노무라 공예사도 오프라인 공간과 디지털의 융합을 강조했습니다.

"앞으로는 실제 매장만으로는 소비자의 체험이 완결되지 않는 시대라고 생각합니다. 오프라인 매장은 브랜드를 표현하고 전달하는 장소로 특화될 것입니다. 테크놀로지의 도입으로 매장 운영이나 공간 디자인의 요소가 변하고 있습니다. 세상 전체가 온라인과 오프라인이 융합되는 방향으로 가고 있습니다."

이렇게 시세이도가 손목 밴드를 활용해 온·오프라인의 통합에 힘을 쏟는 것과 비슷하게, 일본의 화장품 대기업인 고세(KOSÉ) 또한 디지털과 체험을 융합한 새로운 콘셉트의 매장을 운영하고 있습니다. 시세이도의 도쿄 플래그십 매장에서 몇 블록 떨어지지 않은 곳에 고세의 체험형 매장인 '메종 고세(Maison KOSÉ)'가 자리 잡고 있습니다.

2019년 12월 문을 연 메종 고세는 고사양의 기기들을 활용해 개인화된 고객 서비스를 제공합니다. 자신의 얼굴을 촬영하는 것만으로도 피부 상태를 정밀하게 분석해 수치로 나타내주는 스노우 뷰티 미러(Snow Beauty Mirror)가 좋은 예입니다. 거울 앞에 앉아 나이와 함께 주름, 기미, 모공 등 걱정되는 피부 고민 5가지를 선택한 후 얼굴을 촬영합니다. 약 10초 후 거울 화면에 현재 나의 피부 상태를 수치로 보여주며 현재 어떤 부분이 가장 관리가 필요한지 알 수 있습니다.

스노우 뷰티 미러는 의료기기와 같은 수준의 정밀도로 피부를 진단해줍니다. 겉으로 드러나는 주름이나 모공뿐만 아니라 눈에 보

메종 고세의 '컬러 머신'
©Maison KOSÉ

이지 않는 피부 속까지 분석한 결과를 알려주죠. 분석 결과를 바탕
으로 직원이 적합한 제품을 가격별로 추천해주기도 합니다.

　메종 고세는 2022년 8월 리뉴얼하면서 체험 시설을 더욱 강화
했습니다. 고세의 연구소와 도쿄공업대학이 공동 개발한 기술을 응
용한 최첨단 메이크업 시뮬레이터인 컬러 머신(COLOR MACHINE)을
이용하면 가상 메이크업이 가능합니다. 다른 제조사의 체험형 매장
에도 가상 메이크업을 할 수 있는 기기가 있지만, 컬러 머신은 고속
프로젝션 맵핑 기술을 활용해 고객의 얼굴 위에 가상 메이크업을
투영합니다. 아이섀도, 블러셔, 립스틱별로 20가지 색상이 탑재되
어 있어 총 8천 가지의 조합을 시도할 수 있습니다.

　컬러 머신의 가장 큰 특징은 고객의 얼굴 위에 입체적으로 색

조 메이크업을 투영하기에 다양한 각도에서 실제로 메이크업한 모습을 확인할 수 있다는 점입니다. 많은 뷰티 브랜드가 태블릿 PC를 활용해 가상 메이크업 서비스를 제공하고 있으나 대부분이 2차원의 체험에 그치고 있습니다. 하지만 고세는 얼굴 위에 가상 메이크업을 덧씌움으로써 3차원적인 체험이 가능합니다. 또한 뷰티 컨설턴트라고 불리는 전문가가 동행해 고객에게 어울리는 색상을 안내하거나 메이크업 관련 조언을 해주기도 합니다.

이렇게 신기술을 활용함으로써 고객이 실제로 메이크업해보는 횟수를 줄여 피부에 부담을 덜어주며, 단시간에 자신이 원하는 메이크업을 찾을 수 있도록 도와줍니다. 특히 코로나19가 엔데믹(Endemic)˙이 된 지금, 가상 메이크업을 활용함으로써 매장 내 직원과의 접촉도 최소한으로 줄일 수 있다는 장점도 있습니다.

고세의 CEO는 체험형 매장을 만든 목적을 다음과 같이 설명합니다.

"자신에게 딱 맞는 화장품을 고를 수 있는 장소를 만들고 싶었습니다. 화장품 업계에서도 디지털을 이용해 고객에게 개인 맞춤 미용 서비스를 제안하는 것이 필수 불가결해졌습니다. 디지털화를 포함해 여러 가지 실험을 하면서 정보를 발신하는 장소로 만들고 싶습니다."

˙ 종식되지 않고 주기적으로 발생하거나 풍토병으로 굳어진 감염병

이렇듯 화장품 업계에서도 고객에게 체험을 전달하기 위해 디지털 기술을 적극적으로 활용하고 있습니다. 화장품은 실제 제품을 사용해보고 구입하고 싶은 니즈가 높은 카테고리입니다. 색감이나 질감을 확인하고 구입하려는 소비자가 많습니다. 얼마든지 온라인으로 살 수 있는데 말이죠.

그뿐만 아니라 다양한 제품을 만져보고 자신에게 맞는 제품을 찾는 과정 자체에서 재미를 느끼기도 합니다. 이에 브랜드들도 매장을 고객이 굳이 물건을 구입하지 않아도 방문할 가치가 있는 장소로 만들고 있습니다. 이제 화장품 매장은 여성들의 놀이터가 되고 있다고 해도 과언이 아닐 것입니다.

언제든 클릭 한 번만으로 원하는 물건을 살 수 있는 시대에 오프라인 매장의 제품을 판매하는 공간으로서 역할이 옅어지고 있습니다. 하지만 오프라인 매장이 중요하지 않은 것은 아닙니다. 오프라인 매장은 브랜드를 알리고 체험할 수 있는 공간입니다. 공간 자체가 브랜드를 홍보하는 강력한 채널이 되고 있습니다.

─────────── ◇ ───────────

마치 박물관을 연상케 하는
유니클로

2021년 9월 17일, 도쿄의 유니클로 긴자점은 기존에 운영하던

12층짜리 건물의 매장을 글로벌 플래그십 매장으로 리뉴얼했습니다. 유니클로는 새로운 모습을 선보이며 매장의 존재 이유를 크게 바꾸었습니다.

리뉴얼 이전에는 12층에 이르는 건물에 상품을 대량으로 진열해 판매했습니다. 하지만 리뉴얼 후에는 물건을 쌓아두는 매장이 아닌 브랜드의 기술력을 고객들에게 알기 쉽게 전달하는 공간으로 바뀌었습니다. 마치 박물관 같기도 하고 전시관 같기도 한 모습입니다. 유니클로의 전 상품을 취급한다는 점은 변함없지만 상품 진열 공간을 줄이고 모든 층의 입구에 전시 코너를 만들었습니다.

유니클로는 디자인으로 유명한 브랜드가 아닙니다. 정말 예쁜 옷을 입고 싶은 사람은 아마 다른 브랜드를 찾을 것입니다. 유니클로는 디자인보다는 '기능성'을 핵심 가치로 내세웁니다. 플래그십 매장은 유니클로의 강점인 기술력을 고객들에게 홍보하는 역할에 충실합니다.

예를 들어 3층 입구에는 울트라 라이트 다운이 얼마나 가벼운지에 대한 설명과 이를 직관적으로 알 수 있는 장치가 설치되어 있습니다. 울트라 라이트 다운과 보통 다운 점퍼의 안에 사용하는 솜이 어떻게 다른지, 옷의 마감 처리는 어떻게 다른지 옷을 분해해 전시했습니다. 마치 자동차나 스마트폰 브랜드의 전시관에 가면 각종 부품을 펼쳐 보여주는 것처럼요. 또한 전시 유리 내 2개의 울트라 라이트 다운이 정기적으로 밑에서 발사되는 인공 바람으로 인해 공

상. 유니클로 긴자점 3층 울트라 라이트 다운 전시 공간

하. 유니클로 긴자점 5층 청바지 혁신 센터

©정희선

중으로 떠오르는데요. 이러한 이미지를 통해 고객들은 굳이 설명을 꼼꼼히 살펴보지 않아도 제품이 얼마나 가벼운지 직감적으로 느낄 수 있습니다.

청바지를 파는 5층 입구에는 청바지 혁신 센터(Jeans Innovation Center)가 고객을 맞이합니다. 보통 청바지 한 벌을 만드는 데 무려 60리터의 물이 사용되는데, 이 문제를 해결하기 위해 유니클로는 새로운 기술을 개발해 생산 과정에서 물 사용량을 99%까지 줄였습니다. 이를 통해 친환경 운동에 공헌하는 이미지를 어필하고 있습니다.

7층의 아동복 판매층 입구에는 파란색이 아닌 녹색의 도라에몽 캐릭터 모형이 설치되어 눈길을 끕니다. 이곳에서는 버려진 페트병으로 실을 만들고, 그 실로 옷을 만드는 과정을 알기 쉽게 설명하고 있습니다. 사진에 보이는 노란색 핸들을 돌리면 페트병이 분해되는 것부터 전 과정이 모형으로 설명되기 시작합니다. 아이들뿐만 아니라 재미 삼아 핸들을 돌려보는 어른들도 많습니다.

9층에는 히트텍의 원리를 설명하는 전시를 만들어 놓았습니다. 강렬한 레드 컬러를 사용해 마치 예술 작품과 같은 느낌을 풍깁니다.

유니클로 긴자점은 브랜드의 기술력을 알리는 전시뿐만 아니라 다양한 기획을 통해 방문을 유도하기도 합니다. 2층에는 코로나19로 인해 고객이 줄어든 긴자를 응원하는 의미에서 긴자의 유명한 매장들과 컬래버레이션을 진행해 티셔츠와 에코백을 만들었습

좌. 유니클로 긴자점 7층 아동복 판매층 입구
우. 버려진 페트병으로 옷을 만드는 과정을 보여주고 있다.

©정희선

니다. 이 컬래버 상품들은 이곳에서만 구할 수 있죠.

5층의 '유티 커스텀(UT custom)' 코너에서는 자신이 직접 디자인해 세상에서 하나뿐인 나만의 티셔츠를 만들어볼 수 있습니다. 10층에서는 체형에 맞는 남성 재킷과 셔츠를 주문할 수도 있습니다.

마지막으로 최상층인 12층에는 유니클로의 역사와 최근 벌이는 친환경 활동 등 브랜드의 철학을 사진과 동영상으로 상세히 설명하고 있습니다. 한쪽에는 작은 커피숍도 운영 중인데 마치 12층을 다 돌아보느라 힘들었을 고객들에게 잠시 쉬었다 갈 수 있는 자리를 마련해준 듯합니다.

유니클로는 왜 매장의 한 층 한 층마다 전시관 같은 공간을 만든 것일까요? 오프라인 매장 자체가 '효과적인 광고 장치'이기 때문입니다. 고객은 브랜드의 철학을 즐길 수 있고, 때로는 뜻하지 않게 새로운 상품을 발견하기도 합니다. 전시관 같은 매장, 긴자점에서만

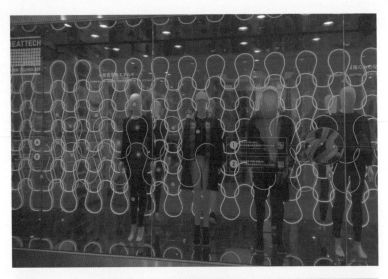

상. 유니클로 긴자점 9층 히트텍 전시 공간

하. 유니클로 긴자점 2층 기획전

만날 수 있는 컬래버레이션 상품, 나만을 위한 맞춤형 서비스는 수많은 유니클로의 매장 중에서 긴자점을 차별화시키고 있습니다.

같은 긴자에 위치한 유니클로의 글로벌 플래그십 매장인 '유니클로 도쿄(UNIQLO TOKYO)' 또한 긴자점과 비슷하게 유니클로의 브랜드를 경험하도록 설계했습니다. 약 1,500평, 4층으로 구성된 매장은 일본 최대 규모로, 설계는 런던의 현대 미술관인 테이트 모던(Tate Modern)과 베이징 올림픽 경기장을 설계한 스위스 건축 회사인 헤르조그 & 드 뫼롱(Herzog & de Meuron)이 맡았습니다.

유니클로 도쿄의 테마는 '아트(art)와 사이언스(science)', 즉 예술과 과학입니다. 이 2가지를 통해 유니클로 브랜드를 경험하도록 설계했습니다. 오픈 당시인 2020년 7월에 진행된 전시를 잠시 둘러보겠습니다. 유니클로를 대표하는 아이템인 에어리즘의 소재와 일반 면 소재를 비교한 모형과 영상을 전시해 에어리즘의 통기성을 알기 쉽게 설명해주고 있습니다. 유니클로의 기술력을 과학을 통해 보여주는 것이죠.

그뿐만 아니라 유니클로 티셔츠에 유명 아티스트의 작품 이미지를 사용하는 프로젝트를 진행하면서, 협업을 진행한 아티스트를 더 잘 이해할 수 있도록 작은 부스까지 설치하고 있습니다. 대표적인 아티스트는 앤디 워홀이었는데요. 매장에 앤디 워홀의 작품인 '브릴로 박스(Brillo Box)'를 재현했으며, 옆에는 앤디 워홀과 관련된 책이 구비되어 있고 영상이 흘러나오고 있죠. 뉴욕의 현대 미술관

유니클로 티셔츠는 유명 아티스트의 작품을 이용해 디자인한다. 매장에는 협업한 아티스트를 잘 이해할 수 있도록 부스까지 설치했다.

©정희선

모마(MoMA)와 협업해 디자인한 티셔츠 옆에는 자연스럽게 모마와 티셔츠에 사용된 디자인을 알리는 소책자가 놓여 있고요.

이렇듯 유니클로 긴자점과 유니클로 도쿄는 층마다 다른 콘텐츠로 채워 매장을 돌아볼 때 전혀 지루함을 느끼지 못합니다. 매장을 둘러보는 과정에서 자연스럽게 유니클로의 기술력을 이해하게 되고 브랜드에 애착을 느끼게 됨은 물론입니다.

오프라인 매장은 고객과의 관계 형성을 위해 무시할 수 없는 채널입니다. 미국의 컨설팅사인 아릭스파트너스(AlixPartners)가 2021년 3월에 실시한 조사에 따르면, 하나의 채널만 이용하는 고객보다 온라인과 오프라인을 넘나들며 여러 채널에서 구입하는 고객의 로열티가 높다고 합니다. 즉 브랜드가 온라인과 오프라인 세상 양쪽에 모두 있는 것이 충성 고객을 확보하는 데 더 유리한 것입니다. 인터넷에서 구매한 상품을 실제 매장에서 반품할 경우, 40% 정도의 고객이 매장에 '간 김에' 다른 상품을 산다고 합니다.

비록 온라인 유통이 대세가 되었지만 유니클로는 오프라인 매장의 중요성을 잊지 않고 있습니다. 유니클로의 야나이 회장은 〈니혼케이자이 신문〉과의 인터뷰에서 브랜드 철학에 대해 이렇게 전했습니다.

> "디지털은 어디까지나 수단입니다. 좋은 옷이 매장에 있고, 소비자가 정말 좋은 옷이라고 생각하도록 만들고, 좋은 옷을 판매하는 것이 중요합니다. 원점을 잊고 모두 디지털로 만드는 것은 해결책이 아닙니다."

유니클로는 매장 본연의 목적인 '좋은 상품을 소비자들에게 알리는 역할'에 집중합니다. 긴자의 공간을 마치 대형 박물관처럼 만들어 소비자들에게 유니클로 제품의 장점을 전합니다. 온라인 쇼핑에서는 느낄 수 없는 체험이 가득한 공간을 통해서요.

유니클로 도쿄. 에어리즘 기술을 홍보하는 디스플레이가 있다.

캠핑이 있는 삶을 제안하다,
스노우피크

코로나19는 우리의 생활뿐만 아니라 산업의 지형도도 바꾸었습니다. 코로나19로 매출이 증발해버린 산업도 있는 반면 코로나19로 수혜를 본 산업도 있습니다. 코로나19 확산 후 급성장하는 산업 중 하나는 바로 캠핑 산업이 아닐까 싶습니다. 여행이 힘들어지고 행동에 제약이 생긴 요즘, 사람이 적은 곳에서 자연을 느끼는 캠핑의 재미에 빠지기 시작한 사람들이 많습니다.

일본에서도 캠핑의 인기가 매우 높습니다. 여고생들의 캠핑을 소재로 한 만화인 〈유루캠(ゆるキャン△)〉이 큰 인기를 끌어 애니메이션으로도 제작되었고, 유명 연예인이 유튜브를 통해 혼자서 캠핑하는 모습을 공개하는 등 다양한 매체에서 캠핑을 주제로 한 콘텐츠들이 소개되면서 캠핑에 관한 관심이 높아졌습니다.

지난 30년간 일본에는 몇 번의 캠핑 붐이 있었는데요. 이전의 캠핑 붐이 가족 단위의 캠핑이 주를 이루었다면 이번의 캠핑 붐은 젊은 층을 중심으로 친구들끼리 하는 캠핑이 크게 늘었다는 점이 다릅니다. 최근에는 혼자서 캠핑을 즐기는 솔로 캠핑족까지 증가하고 있습니다.

일본오토캠프협회에 따르면 캠핑 용품 시장 규모는 2019년

753억 엔에서 2020년 876억 엔으로 1년 사이에 16%나 성장했다고 합니다. 시장이 성장하며 자연스럽게 경쟁 또한 치열해지고 있는데요. 기존의 아웃도어 브랜드에 더해 새로운 브랜드들이 캠핑 용품 시장에 진입하고 있습니다. 그 가운데 흥미로운 마케팅 전략을 꾸준히 선보이며 빠르게 성장하는 기업이 있습니다. 바로 한국에도 진출한 일본의 캠핑 용품 브랜드인 스노우피크(Snow Peak)입니다.

스노우피크는 초보자도 캠핑을 즐길 수 있도록 일본 각지에 체험형 시설을 만들었습니다. 주택업자와 컬래버레이션해 아파트 내에 캠핑장을 설치하며, 캠핑 용품을 활용해 공유 오피스와 야외 오피스를 운영하는 등 캠핑이라는 테마를 다양한 분야로 확장하고 있죠. 이러한 전략의 결과일까요? 스노우피크의 매출은 2015년 79억 엔에서 2019년 143억 엔으로 4년 만에 거의 2배 가까이 성장했습니다. 게다가 코로나19 확산으로 인해 캠핑 인구가 급증하며 매출 규모는 2020년 168억 엔, 2021년 257억 엔으로 거침없이 성장하고 있습니다.

2008년 한국 시장에 진출한 스노우피크는 한국에도 두터운 팬층을 보유하고 있습니다. 2016년부터 2020년까지 한국 내에서의 스노우피크 매출은 계속해서 성장했고, 코로나19가 확산된 2020년에는 무려 150% 성장을 이루었습니다.

스노우피크는 프리미엄 캠핑 브랜드로 꽤 고가임에도 불구하고 높은 기능성과 세련된 디자인으로 인기가 높습니다. 코로나19 팬데믹이 발생한 2020년에는 약 200만~300만 원 상당의 최고가 텐트의 3년치 판매 물량이 1년도 안 되어 판매되었다고 하는데요. 이러한 인기에 힘입어 스노우피크의 체험형 매장이 경기도 하남에도 선보였습니다.

양국에서 지속적으로 성장하고 있는 스노우피크는 더욱 많은 사람이 캠핑의 즐거움을 알기를 바랍니다. 캠핑을 해본 적 없는 초보자도 캠핑을 쉽게 체험해볼 수 있도록, 이미 캠핑에 빠진 사람들에게는 일상의 곳곳에 캠핑이 스며들도록 스노우피크는 체험형 공간들을 만들고 있습니다.

체험형 시설로 누구나 쉽게 캠핑을 접하다

캠핑에 관심은 있지만 막상 시작하자니 엄두를 못 내는 사람이 많습니다. 어디가 좋은 캠핑 장소인지 잘 모르겠고, 앞으로 얼마나 자주 캠핑을 할지 모르는 상황에서 비싼 캠핑 용품을 전부 구입하는 것도 부담스럽죠.

하지만 캠핑 용품을 만드는 회사가 성장하기 위해서는 캠핑 인구가 늘어나야 합니다. 스노우피크와 같은 캠핑 용품 제조사는 많은 사람이 캠핑의 즐거움을 느끼고 캠핑 팬이 되기를 원합니다. 그래서 스노우피크는 쉽게 캠핑을 즐길 수 있는 체험형 시설을 일본 곳곳에서 선보이고 있습니다.

스노우피크의 체험형 시설 중에서도 가장 화제가 된 곳은 2020년 7월에 선보인 하쿠바의 체험형 시설입니다. 하쿠바가 위치한 나가노현은 '일본의 알프스'라고 불릴 정도로 산이 많고 경관이 수려해 캠핑과 트레킹을 즐기려는 사람들이 자주 방문하는 곳입니다. 특히 하쿠바는 1998년 동계 올림픽이 개최되었던 곳으로 겨울이면 스키를 즐기기 위해 외국인들도 많이 방문하는 곳입니다.

하쿠바의 체험 시설은 유명한 건축가 쿠마 켄고가 디자인했다는 점에서 오픈 전부터 화제를 불러일으켰습니다. 짜임식 목재를 활용해 만든 건물 안에는 하쿠바의 식재료로 요리한 음식을 제공하는 레스토랑과 캠핑을 콘셉트로 한 스타벅스, 그리고 스노우피크 상점이 자리하고 있습니다.

체험형 시설 내에 들어선 스타벅스도 다른 곳의 스타벅스와는 조금 다릅니다. 이곳에서는 스노우피크의 캠핑용 테이블과 의자를

쿠마 켄고가 디자인한 하쿠바의 스노우피크 체험 시설
©정희선

사용하고 있어 스타벅스에서 커피를 마시는 것만으로도 스노우피크의 제품을 체험할 수 있습니다. 야외 테라스에 설치된 캠핑 의자에 앉아 눈앞에 펼쳐진 캠핑장과 산을 바라보는 것만으로도 캠핑을 온 듯한 착각에 빠집니다.

건물 밖의 공간 역시 매우 인상적입니다. 넓은 잔디밭에는 캠핑장이 설치되어 있는데, 이곳은 캠핑을 한 번도 해본 적 없는 사람이 캠핑을 체험해볼 수 있게 꾸며져 있습니다. 캠핑 도구 없이 빈손으로 와도 캠핑이 가능합니다. 하쿠바 기차역에서 도보로 10분 거리에 위치해 있기에 차가 없어도 캠핑을 하러 올 수 있습니다. 별다른 준비 없이 몸만 와도 캠핑을 즐길 수 있도록 만들어진 공간인 셈입니다.

자연을 느끼며 캠핑 기분을 내고 싶지만 텐트에서 자는 것은 싫은 사람들을 위해 준비된 통나무집도 있습니다. '쥬바코(住箱)'라고 불리는 이 공간은 건축가 쿠마 켄고와 스노우피크가 공동으로 개발한 목재 박스로, 이곳에서 묵으면 텐트보다 럭셔리하고 편안하게 캠핑을 체험할 수 있습니다. 게다가 하쿠바의 캠핑장 내에는 유료 온천과 대중탕이 있어 세안 및 샤워에 대한 걱정도 없습니다.

건물 앞에 펼쳐진 잔디밭에서는 캠핑뿐만 아니라 다양한 이벤트가 상시 진행되고 있습니다. 제가 방문한 주말에는 지역 주민들이 식섭 수확한 과일이나 채소를 판매하는 '마르쉐'가 열리고 있었습니다. 그 밖에도 아웃도어 체험 이벤트, 캠핑 관련 강의 및 워크숍

상. 체험 시설 잔디밭 앞에 마련된 캠핑장

하. 체험 시설의 안에 위치한 스노우피크 상품 판매점

스노우피크의 쥬바코

©스노우피크(www.snowpeak.co.jp)

이 수시로 열린다고 합니다.

하쿠바의 체험형 시설 내 캠핑장에서 묵은 사람들의 만족도 또한 매우 높습니다. "텐트 구역 내 화장실이 너무 깨끗했다." "쥬바코 내부가 따뜻했다." "스노우피크 직원들의 세심한 배려에 감동했다." 등의 긍정적인 후기가 대부분입니다.

이처럼 하쿠바에 위치한 스노우피크의 체험 시설은 좀 더 많은 사람에게 캠핑의 매력을 알리는 동시에 스노우피크의 제품을 직접 경험해보는 기회를 제공합니다. 캠핑에 관심이 없던 저 역시 하쿠바의 체험 시설을 돌아보고 난 뒤에는 캠핑을 한번 해보고 싶다는 생각이 들 정도였으니까요.

교토의 전통과 캠핑이 만나다

스노우피크는 한국의 경주와 같은 일본 전통의 도시 교토에도 체험형 시설을 선보였습니다. 교토의 지역색을 충분히 살리기 위해 역사와 전통을 매장의 테마로 삼고, 지은 지 100년도 넘은 오래된 집을 캠핑 체험 시설로 개조했습니다. 일본 전통 가옥의 고유한 느낌을 최대한 보존하고자 기둥과 벽을 그대로 남긴 채 내부를 개조했고, 그 덕에 다른 지역의 매장과 차별화된 교토에서만 만날 수 있는 시설을 완성했습니다. 시설 안에는 스노우피크의 제품을 파는 상점과 일본 전통차를 판매하는 카페를 함께 배치했습니다.

교토의 체험형 시설 내부 모습
ⓒ스노우피크

    스노우피크의 매장 옆 마당에는 화장실과 샤워실이 딸린 쥬바
코를 설치해서, 전통의 도시 교토에서의 캠핑을 경험할 수 있게 해
놓았습니다. 또한 이곳에서는 '아웃도어 기모노'를 대여해줍니다.
아웃도어 기모노는 일본의 전통 의상 기모노를 전문으로 취급하는
브랜드 야마토(YAMATO)와 스노우피크가 협업해 개발한 옷입니다.
마치 전주의 한옥 마을에서 한복을 입고 거닐면서 전통을 체험하는
것처럼, 교토의 거리를 거닐면서 지역을 한층 더 깊이 느낄 수 있도
록 기모노를 아웃도어 활동이 가능하도록 개량한 것입니다.

    스노우피크는 각 체험형 시설에서 '스노우피크 고(Snow Peak
Go)'라는 프로그램도 진행하고 있습니다. 관광 책자에 소개되지 않
은, 현지 주민만 아는 지역의 명소를 자전거로 탐방하는 투어 프로

그램이죠. 이 프로그램에 참가하면 가이드와 함께 반나절 정도 하쿠바 혹은 교토의 자연을 구경하면서 해당 지역의 특색을 더욱 각별하게 느낄 수 있습니다.

이 투어의 특별한 점은 무엇보다도 투어 도중에 먹는 점심입니다. 스노우피크는 자사의 캠핑 세트를 활용해 구성한 점심 메뉴를 제공합니다. 아름다운 자연 속에서 스노우피크가 만든 식기와 컵 등의 제품을 직접 체험하게 하는 것입니다.

앞에서 말했듯이 스노우피크는 캠핑을 잘 모르는 사람도 가벼운 마음으로 체험형 시설에 방문해 아무런 준비 없이 캠핑을 즐길 수 있게 합니다. 이 과정에서 고객들은 캠핑의 매력을 알아갈 뿐만 아니라 스노우피크라는 브랜드와 제품을 자연스럽게 경험하게 됩니다. 캠핑 자체에 관심이 높아져 캠핑 인구가 증가하면 스노우피크 브랜드를 찾는 사람들도 많아질 것입니다.

'스노우피크 고' 참가 시 제공하는 런치 세트
©스노우피크

일본의 캠핑 애호가는 전 국민의 6% 정도라고 알려져 있습니다. 스노우피크가 성장하기 위해서는 남은 94%의 사람들에게 스노우피크라는 브랜드를 알려서 인지도를

45

높이고 구매를 유도해야만 합니다. 이를 위해 스노우피크는 누구나 캠핑을 쉽게 시작할 수 있는 공간을 제공하면서 남은 94%의 사람들에게 다가가고 있습니다.

2장

물건이 아닌 공간을 팝니다

최근 일본의 백화점들은 새로운 고객층을 불러들이기 위한
해결책의 하나로 매장에서 제품을 판매하는 것이 아니라
브랜드를 홍보하는 쇼룸으로 운영하기 시작합니다.
새로운 브랜드를 입점시켜 백화점의 오래된 이미지를 쇄신하고
젊은 고객들을 불러들이고자 하는 것이죠.

◆ ◆ ◆

만약 여러분이 온라인에 작은 옷 가게를 열었다고 상상해볼까요? 예상보다 방문 고객도 빠르게 늘어나고 구매 전환율도 높아 지난 6개월간 매일매일 즐거운 나날을 보냈습니다. 하지만 6개월이 지나면서 슬슬 방문 고객 수가 정체되고 구매 전환율도 점점 떨어지기 시작합니다. 온라인 마케팅을 여전히 열심히 하지만 이유를 모르겠습니다.

문득 '우리 옷도 고객들이 직접 만져보고 입어볼 수 있는 장소가 있으면 좋을 텐데….'라고 생각합니다. 하지만 오프라인 매장을 낸다는 것은 너무 돈이 많이 들어서 꿈도 꾸지 못할 것 같네요.

체험형 매장을 운영하는 브랜드들은 이미 고객층이 어느 정도 두텁고 재무적·인적 자원이 풍부한 기업입니다. 예를 들어 앞 장에서 살펴본 공간들을 만드는 데는 꽤 큰 투자 금액이 필요할 것입니다. 하지만 만약 자원이 풍부하지 않은 중소기업, 아니면 온라인에서 주로 사업을 운영하는 브랜드가 오프라인 매장을 운영하고 싶다면 어떻게 해야 할까요?

이런 고민을 하는 사람들에게 희소식이 있습니다. 이제 누구나 쉽게 오프라인에 자신만의 팝업 스토어를 가질 수 있도록 지원해주는 서비스가 생기기 시작했거든요.

누구나 오프라인 매장을 만들 수 있는 시대

전시장을 방불케 하는 멋진 체험형 매장을 만드는 데는 꽤 큰 투자가 필요합니다. 온라인으로 사업을 시작한 브랜드, 혹은 사업을 시작한 지 얼마 안 된 신생 브랜드는 체험형 공간을 만들 자원이 부족할 수밖에 없죠. 그뿐만 아니라 오프라인 매장을 운영해본 적도 없고, 오프라인에서 고객과 커뮤니케이션을 해본 적도 없습니다. 그러면 이런 브랜드들이 오프라인 공간에서 고객과 접점을 가지고 싶은 경우에는 어떻게 해야 할까요?

이러한 오프라인 공간에 대한 니즈가 있는 개인, 중소기업, 혹은 D2C* 브랜드에게 공간을 제공하고 운영해주는 비즈니스 모델이 확

---

* Direct to Customer, 기업이 소비자와 직거래하는 형태의 비즈니스

산되고 있습니다. 소위 'RaaS(Retail as a Service)'라는 서비스, 즉 리테일을 서비스로 만들어서 소매 매장 운영에 필요한 공간과 직원, 인프라를 패키지화해 제공하는 서비스입니다.

예를 들어 백화점은 건물 내 공간 일부를 활용해 신생 브랜드들이 제품을 전시하도록 해줍니다. 필요한 집기와 물품도 대여해주며, 때로는 자사의 직원들을 활용해 접객 서비스까지 제공하죠. 최근 오프라인 유통 중에는 이렇게 자신들이 가진 공간을 빌려주는 역할을 하는 리테일들이 등장하고 있습니다.

일반적으로 브랜드가 리테일 매장을 운영하려면 부동산, 인력, 포스(POS) 시스템* 등을 개별적으로 준비해야 하고, 이를 위해서 시간과 자원을 투자해야 합니다. 하지만 RaaS를 이용하면 저렴한 비용으로 빠른 시간 안에 오프라인 매장을 만들 수 있습니다.

그래서 최근 D2C 스타트업은 RaaS 모델을 주목하고 있습니다. RaaS 모델을 이용하면 오프라인 출점뿐만 아니라 퇴거도 빠르기 때문에 빠르게 소비자들의 반응을 파악해볼 수 있습니다. 반면 공간을 제공하는 리테일 입장에서는 최근 화제가 되는 브랜드나 MZ세대가 좋아할 브랜드를 유치함으로써 집객력을 높일 수 있습니다.

RaaS 모델은 미국에서 시작되었는데, 최근 2~3년간 RaaS 모델을 적용한 리테일러들을 쉽게 찾아볼 수 있습니다. 대표적으로 미

---

* Point Of Sale System의 약자로 판매 시점의 정보를 실시간으로 통합, 분석, 평가하는 판매관리 시스템

국의 네이키드 리테일(Naked Retail), 네이버후드 굿즈(Neighborhood Goods) 백화점을 들 수 있습니다. 네이버후드 굿즈 백화점은 온라인에서만 판매하는 D2C 브랜드 상품을 큐레이션하고, 3개월에서 1년마다 브랜드들을 바꾸면서 소비자들에게 새로운 브랜드를 소개합니다.

2020년 10월 뉴욕에 첫선을 보인 네이키드 리테일 또한 온라인에서 판매하는 소비재 브랜드들을 위해 오프라인 공간을 제공합니다. 〈포브스〉에 따르면 네이키드 리테일에 입점하는 브랜드들은 매월 600~900달러(한화 약 80만~120만 원)의 임대료를 내거나 수익의 일부(8~35%)를 네이키드 리테일에 지급하는 방식을 취하고 있습니다. 어느 쪽이든 브랜드 입장에서는 자신들이 직접 팝업 스토어를 여는 것보다 훨씬 저렴합니다.

이러한 새로운 유통의 형태인 RaaS가 미국을 넘어 일본에서도 확산되기 시작했습니다. 특히 일본의 백화점들은 브랜드와 제품의 판매보다는 홍보를 위한 목적의 '쇼룸형 매장'에 적극적입니다. 코로나19 팬데믹 확산 후 절체절명의 위기에 놓인 백화점들은 쇼룸형 매장을 통해 활로를 모색하고 있습니다.

각 백화점이 비슷한 듯하면서도 조금씩 다르게 선보인 '물건을 팔지 않는 매장'을 만나보겠습니다.

브랜드로 만드는 월간 전시,
츄스베이스시부야

2020년, 일본 백화점 업계의 매출은 곤두박질쳤습니다. 전년 대비 무려 26.7%가 줄어든 4조 2,204억 엔(한화 약 42조 원)으로 45년 만에 가장 낮은 매출을 기록했습니다. 코로나19 확산으로 인해 일부 매장은 영업을 중단하는 등 코로나19 직격탄이 매출 하락의 가장 큰 요인으로 꼽히지만, 이것만으로 매출 하락을 설명하기에는 부족합니다. 일본 백화점 업계의 매출은 2000년 정점을 찍은 후 20년간 계속해서 줄어들고 있기 때문입니다.

백화점 업계는 매출이 감소하는 이유 중 하나를 정체된 고객층에서 찾고 있습니다. 최근 일본의 Z세대*는 백화점을 가지 않는다고 합니다. 갖고 싶은 물건도 없고 편리하지도 않은데 백화점을 왜 가는지 모르겠다는 목소리가 종종 들립니다.

또 하나의 문제는 백화점 내의 브랜드들이 식상하다는 점입니다. 신규 브랜드는 백화점의 높은 입점료를 감당하기 버겁습니다. 결국 기존의 브랜드들만이 백화점에서 손님들을 반기기에 신선한 경험을 하기가 힘듭니다. 그뿐만 아니라 인터넷으로 모든 물건을

---

* 밀레니얼 세대와 알파 세대 사이의 세대. 일반적으로 1990년대 중·후반생부터 2010년대 초반생

츄스베이스시부야의 입구

©정희선

살 수 있는 시대에 '물건을 구입하는 장소'로서 백화점의 가치가 낮
아지고 있다는 점도 매출 감소를 설명하는 요인입니다.

최근 일본의 백화점들은 코로나19를 극복하고 새로운 고객층을
불러들이기 위한 해결책의 하나로 RaaS 모델, 즉 제품을 판매하는
공간이 아닌 브랜드를 초대해 쇼룸으로 운영하는 매장을 시험하기
시작했습니다. 쇼룸형 매장은 앞서 설명한 문제점들을 해결하는 방
안으로 주목받고 있습니다. 새로운 브랜드를 입점시켜 백화점의 오
래된 이미지를 쇄신하고 젊은 고객들을 불러들이고자 하는 것이죠.

일본의 백화점 중 RaaS 모델을 시도한 첫 번째 주자는 소고 세
이부 백화점입니다. 2021년 9월 초 '츄스베이스시부야(CHOOSE

54

도쿄 리테일 트렌드

BASE SHIBUYA)'라는 이름의 공간을 선보인 것입니다.

이 공간의 주목적은 물건을 판매하는 것이 아니라 제품과 브랜드를 체험하는 것입니다. 따라서 매장 내 진열된 상품에는 가격표가 없습니다. 상품 앞의 QR코드를 읽어 자신의 스마트폰으로 상품 정보와 가격을 확인하고 주문과 결제도 스마트폰으로 진행합니다. 즉 오프라인에서 제품을 확인하지만 구입은 온라인에서 하는 것을 원칙으로 합니다. 하지만 체험 후 바로 물건을 구입하고자 하는 고객을 위해 뒤편의 창고에 약간의 재고를 보유하기도 합니다.

츄스베이스시부야의 가장 큰 특징은 일정 기간 테마를 정해서 테마에 맞는 상품과 브랜드를 큐레이션해서 전시한다는 점입니다. 또한 패션, 잡화, 화장품 등의 카테고리 중에서 이미 알려진 유명한 브랜드가 아니라 주로 온라인으로 사업을 하는 D2C 브랜드를 중심으로 전시하고 있습니다. 일반 고객에게 잘 알려지지 않은 브랜드라도 전시 테마에 어울리는 브랜드라면 장소를 빌려줍니다.

일본의 백화점에서는 처음 선보인 RaaS형 매장인 츄스베이스시부야가 첫 번째로 선정한 테마는 '타임 리미트(TIME LIMIT)'. 지구의 시간이 한정되어 있음을 암시하는 문구로 '지속 가능성'에 관한 이야기입니다. 최근 한국을 포함해 전 세계적으로 친환경과 가치 소비에 관심이 높아지고 있죠. 일본에서도 젊은이들을 중심으로 SDGs(Sustainable Development Goals, 지속 가능한 발전 목표)에 대한 관심이 높기 때문에 충분히 화제를 불러일으킬 만한 테마라고 생각한 것입니다.

테마에 맞추어 업사이클(upcycle)° 보석 브랜드를 유치했고 중고 아이폰을 판매합니다. 친환경 소재를 사용한 의류, 화학물질을 전혀 사용하지 않은 오가닉 세안제와 같은 제품들이 진열되어 있습니다. 또한 동일한 테마를 가지고도 1개월 단위로 상품을 바꾸기 때문에 고객이 여러 번 방문해도 매번 새로운 브랜드를 만나는 즐거움을 전달합니다.

2022년 3월부터 진행한 츄스베이스시부야의 두 번째 테마는 '기프트 유어 컬러(gift your color)'입니다. 색상을 키워드로 해서 선물을 제안하는데요. 약 70개의 브랜드에서 엄선해 Z세대들이 주목할 만한 약 500개의 아이템을 전시하고 있습니다.

코로나19 확산 후 얼굴을 맞대고 만날 기회가 줄어들면서 오히려 선물을 보내고 싶다는 수요는 늘고 있습니다. 하지만 기존의 백화점은 Z세대를 포함한 디지털 네이티브 세대°°의 니즈에 부응하지 못하고 있다는 문제를 파악하고 '선물'이라는 테마를 결정했습니다. 또한 단순히 기능에 따라 선물을 고르는 것이 아닌 다양한 색과 제품에서 느끼는 감정을 기준으로 선물을 선택하는 체험도 가능하도록 기획했습니다.

●　부산물과 폐자재와 같은 폐기될 자원을 활용해 물건으로 재탄생시키는 재활용 방식
●●　디지털 기술을 마치 모국어처럼 활용한다는 의미로, 태어나면서부터 디지털 환경 속에서 생활한 세대

좌. 츄스베이스시부야는 4개의 공간(BASE A, B, C, D)으로 구성되어 있고, 이곳은 BASE A다. BASE A 공간에는 D2C 브랜드를 중심으로 최근 화제가 되는 아이템들을 모아놓았다.

우. BASE B는 화장품부터 식재료까지 다양한 카테고리의 아이템을 부담 없이 시도할 수 있는 전시 공간이다.

좌. 제품 옆에는 가격표가 없는 대신 태블릿 PC나 QR코드를 준비해두어, 고객이 직접 제품에 대한 정보를 얻는다.

우. '타임 리미트'라는 테마에 맞는 친환경적 제품들과 아이폰 중고폰이 BASE A에 전시되어 있다.

©정희선

츄스베이스시부야는 판매가 아닌 제품과의 접점을 만드는 곳입니다. 20~30대를 타깃 고객으로 새로운 체험을 제공하는 것을 목적으로 합니다. 츄스베이스시부야는 오픈부터 약 1개월간 전혀 광고비를 사용하지 않았습니다. 하지만 20대들이 SNS에 방문을 인증하는 게시물을 올리고, 이 게시물을 본 젊은이들이 매장을 방문하고 다시 SNS에 올리는 선순환이 이루어지며, 광고 효과를 톡톡히 누렸습니다.

물건을 팔지 않는 백화점을 꿈꾸다, 아스미세

도쿄역은 일본 전국으로 이어지는 열차와 버스가 출발하는 교통의 중심지로 매일 약 80만 명의 유동 인구를 자랑하는 곳입니다. 도쿄역과 연결되어 있는 다이마루 백화점의 4층으로 올라가니 '아스미세(明日見世)'라는 네온사인이 눈에 들어옵니다. 이곳은 츄스베이스시부야와 비슷한 콘셉트로 만들어진, D2C 브랜드들을 위한 쇼룸형 매장입니다. 츄스베이스시부야는 별도로 마련된 약 200평 규모의 건물에서 약 300개의 아이템을 취급하고 있습니다. 반면 아스미세는 도쿄역 매장의 4층 일각에 약 30평 정도의 규모로 만들어졌으며, 스킨케어부터 라이프 스타일 잡화 등 다채로운 상품이 선반

아스미세는 전시 디스플레이에 힘을 쏟았다. 이곳에도 제품의 가격표
는 없고 대신 QR코드가 놓여 있다.

위에 진열되어 있습니다.

입점한 브랜드는 모두 D2C 브랜드, 즉 대리점이나 소매점을 통하지 않고 자사 사이트를 통해 직접 상품을 소비자에게 판매하는 브랜드입니다. 이곳에서도 고객은 상품을 다이마루 백화점에서 구입하는 것이 아니라 자신의 스마트폰 등을 이용해 브랜드의 온라인 몰을 방문해 구입합니다. 매장은 재고가 없는 완전 쇼루밍(showrooming) 공간인 것입니다.

"코로나19로 인해 고객들이 온라인으로 이동한 점은 분명합니다. 하지만 이커머스만으로는 부족하다든가 오프라인 매장의 장점을 다시 느끼고 싶다는 고객의 의견도 많았습니다. 오프라인 매장과 당사가 가지는 접객 노하우, 이 2가지의 강점을 어떻게 살릴 수 있을까를 모색해온 결과 이러한 형태의 매장을 만들게 되었습니다. 새로운 매장의 존재 목적으로서 이러한 쇼루밍이 고객에게 받아들여질 것인지 확인해보고 싶습니다."

_히로사와 겐타, 다이마루 마츠자카야 백화점
경영전략본부 DX추진부 디지털사업개발 담당자,
마이내비(mynavi) 인터뷰

아스미세는 3개월 단위로 상품을 교체합니다. 이는 고객들이 방문할 때마다 새로운 세품과 브랜드를 만날 수 있도록 하기 위함입니다. 또한 주기별로 테마를 정해 브랜드와 제품을 큐레이션합니다.

아스미세에 전시된 잡화 및 화장품

천연 재료를 사용한 오가닉 화장품 브랜드가 전시되어 있다.

©정희선

아스미세의 첫 번째 테마는 '지속 가능성과 지역 공헌'이었습니다. 최근 화제가 되는 친환경, 오가닉 브랜드 혹은 지역 공헌이라는 철학을 고집하는 스토리성이 있는 브랜드만 모아놓았습니다. 호주 원산의 슈퍼 허브인 레몬 마토르를 사용한 스킨케어 상품, 일본 후쿠오카현에서 채취되는 수초의 천연 보습 성분을 배합한 화장품 등 어패럴, 잡화, 화장품 등 19개 브랜드가 출점했습니다.

2022년 1월부터는 진행된 두 번째 테마는 여성의 고민을 해결해주는 상품을, 그리고 2022년 4월부터 6월까지 3개월간은 '삶의 질을 높여주는 힌트와 만나다'라는 테마로 제품을 선별해 고객들에게 소개했습니다.

오프라인 매장을 운영하지 않는 D2C 브랜드에 있어 고객이 실제로 자사의 상품을 만져볼 수 있는 전시 공간을 가지는 것은 커다란 장점입니다. 또한 일본 전국을 연결하는 신칸센이 집결되는 도쿄역에 입점했다는 사실 자체로도 광고 효과를 볼 수 있습니다.

"도쿄역이라는 입지는 큰 매력입니다. 출점 브랜드는 백화점에 들른 고객을 만나는 기회를 얻을 뿐만 아니라 도쿄역 다이마루 백화점에 입점했다는 사실만으로도 브랜드 신뢰도가 향상되었다는 의견이 들립니다."

_ 히로사와 겐타, 다이마루 마츠자카야 백화점
경영전략본부 DX추진부 디지털사업개발 담당자, 마이내비 인터뷰

여기서 질문이 하나 생깁니다. 많은 고객이 방문하도록 하는 것이 쇼룸형 매장의 커다란 목적이라면 역과 연결된 백화점의 지하 1층에 매장을 설치하는 방법도 있을 것입니다. 하지만 다이마루 백화점은 굳이 4층에 쇼룸형 매장을 만들었는데요. 2가지 이유 때문입니다.

첫 번째는 우선 타깃 고객입니다. 다이마루 백화점이 쇼룸형 매장의 타깃으로 상정한 고객은 20~30대의 여성입니다. 큐레이션되어 진열된 제품들도 20~30대 여성들이 좋아할 상품이 많고요. 그러니 여성용 의류와 속옷을 판매하는 층인 4층에 매장을 마련하는 것이 최적이라고 생각한 것입니다.

두 번째 이유는 충분한 대화 공간을 확보하기 위해서입니다. 다이마루 백화점의 아스미세와 앞서 소개한 츄스베이스시부야의 가장 큰 차이점은 판매 직원의 여부입니다. 츄스베이스시부야에는 판매 직원이 보이지 않았습니다. 혼자 자유롭게 제품들을 탐험하고 정보는 스마트폰을 이용해 얻습니다. 이러한 비대면 방식을 더 선호하는 사람도 분명히 있을 겁니다. 고객들이 마음껏 편하게 제품을 즐기게 하려는 의도라고 생각합니다.

반면 아스미세에는 '앰배서더(ambassador)'라고 불리는 다이마루 백화점의 스태프가 친절하게 제품과 브랜드를 설명해주고, 제품을 체험하도록 유도합니다. 앰배서더는 각 브랜드로부터 상품에 대한 지식과 창업자의 철학을 전달받고, 자신이 직접 사용해본 후 고객에게 브랜드의 스토리를 전달합니다. 브랜드 측의 일방적인 설명이 아니라 오랜 기간 접객을 담당한 다이마루 백화점의 스태프가 객관적인 시선으로 상품을 설명합니다.

"다이마루의 스태프가 소개하기에 브랜드의 철학, 신념을 확실히 공부하지 않으면 안 됩니다. 고객은 앰배서더라는 사람을 통해 브랜드의 매력을 알 수 있습니다. 이것은 오프라인 매장이기 때문에 만들 수 있는 가치입니다. 온라인에서는 좀처럼 커뮤니케이션이 어렵습니다. 실제 매장은 고객과 앰배서더의 커뮤니케이션을 통해 새로운 정보를 발신하는 거점이 될 수 있습니다. 매출을 쫓는 것이 아니라 출품 기업의 세계관을 느껴주길 바랍니다."

_ 히로사와 겐타, 다이마루 마츠자카야 백화점
경영전략본부 DX추진부 디지털사업개발 담당자, 마이내비 인터뷰

아스미세에서는 앰배서더의 접객을 중시하기 때문에, 이들이 상품을 제대로 설명하기 위한 공간이 필요하다고 생각한 것입니다. 접객뿐만 아니라 브랜드의 직원을 초청해 이벤트를 열어 고객과 브랜드가 직접 만나는 장소를 제공하기 위해서도 공간이 필요합니다. 실제로 아스미세에는 '커뮤니케이션 공간'이라고 부르는 커다란 책상이 중앙에 배치되어 있습니다.

앰배서더는 고객과 커뮤니케이션 중 얻은 피드백을 2주에 1회

정도 출품 기업에 제공합니다. 출품 브랜드는 직접 오프라인 매장을 내지 않고 다이마루 백화점의 공간과 접객력을 빌려 오프라인에서 고객들과 접점을 만드는 것입니다. 고객의 생생한 목소리를 들을 수도 있고요.

또한 아스미세는 2022년 1월부터는 일본의 통신사인 NTT 도코모와 협력해 인공지능 카메라로 기록한 방문객의 데이터를 분석하는 작업도 실시하고 있습니다. 마스크 너머로도 성별과 나이를 추정할 수 있으며 미소 등 표정도 지수화할 수 있다고 합니다. 이러한 데이터는 앰배서더가 고객들로부터 얻은 피드백과 함께 브랜드에게 제공됩니다.

아스미세에 제품을 출점한 브랜드 중 만족감을 표하는 곳이 많은데요. 브랜드와의 접점이 없었던 백화점 고객과 만날 수 있어 신규 고객을 개척할 수 있다는 점, 앰배서더의 정중한 접객으로 인해 브랜드 이미지가 향상되었다는 점, 그리고 피드백을 통해 향후 상품 개발이나 판촉에 관한 힌트를 얻을 수 있었다는 점을 장점으로 꼽고 있습니다.

쇼룸형 매장이 출점 브랜드에게만 유리한 것은 아닙니다. 백화점은 쇼룸형 매장을 통해 새롭고 신선한 브랜드를 유치함으로써 젊은이들의 방문을 촉진할 수 있습니다. 이를 통해 젊은 세대들에게 백화점에 대한 인식을 바꾸고 긍정적인 이미지를 심어줄 수도 있습니다.

고객 입장에서는 물건을 사야 한다는 압박감 혹은 스트레스에서 벗어날 수 있기에 긍정적인 체험으로 이어지게 됩니다. 또한 자신의 취향에 맞는 브랜드, 좋은 상품과의 우연한 만남을 기대할 수 있는 장점도 있는데요. 온라인 쇼핑몰의 내 구매 이력에 맞추어 제품을 추천해주는 기능은 편리하지만 동시에 새로운 브랜드를 만나기 어렵습니다. 하지만 쇼룸형 매장을 방문하면 멋진 브랜드를 만나거나 예상하지 못했던 제품을 발견하기도 합니다. 이럴 때 우리가 느끼는 쇼핑의 즐거움은 배가 됩니다.

백화점에 방문하는 이유에 집중합니다, 미츠스토어

2022년 4월, 다카시마야 백화점은 1년 넘게 준비한 쇼룸형 매장을 신주쿠 매장 2층에 열었습니다.

매장명은 미츠스토어(Meetz STORE). 매장명에 'Meet'라는 단어를 사용한 이유는 방문객과 상품이 만난다는 의미와 브랜드 입장에서는 새로운 소비자와 만난다는 의미를 담고 싶어서라고 합니다. 이곳 또한 온라인으로 소비자에게 직접 판매하는 D2C 브랜드를 중심으로 '식(食)' '라이프 스타일' '뷰티' '일본 아트 & 크래프트' '윤리적 소비(ethical consumption)'라는 5개의 장르로 나누어 큐레이터가

미츠스토어 전경
©정희선

엄선한 상품들을 전시하고 있습니다.

다카시마야 백화점 또한 최근 도쿄의 백화점들이 연달아 여는 '팔지 않는 매장'에 참여하는 이유를 기존의 백화점 비즈니스 모델에 한계를 느끼고 여기에서 탈피하기 위함이라고 밝히고 있습니다.

"백화점을 방문하는 고객 수가 감소하는 가운데 재고를 안고 판매하는 종래의 비즈니스는 성립되지 않습니다. 코로나19가 확산되기 수년 전부터 이러한 경향이 보이고 있었습니다. 백화점에 있어 쇼룸형 매장은 살아남기 위한 하나의 해답이 될 수 있다고 생각합니다."

_가오구치, 다카시마야 트랜스 코스모스 인터내셔널 커머스 CEO,

닛케이 인터뷰

다카시마야 백화점이 선보인 미츠스토어는 독특하게도 매장과 연동한 온라인 쇼핑몰 사이트를 자체적으로 마련했습니다. 기본적으로 매장에는 재고를 두지 않습니다. 상품을 구입하고 싶은 경우 출점 브랜드가 자체적으로 운영하는 온라인 쇼핑몰에서 구입하거나 혹은 미츠스토어가 독자적으로 운영하는 사이트에서 구입합니다. 그렇다면 브랜드가 만든 자체 사이트가 있음에도 불구하고 미츠스토어가 만든 온라인 사이트에서 구입하는 이점은 무엇일까요?

다카시마야 백화점은 자사의 쇼룸형 매장을 타사와 차별화시키기 위한 전략으로 '선물' 수요에 눈을 돌립니다. 츄스베이스시부야의 두 번째 테마 또한 '선물'인 점에서도 알 수 있듯이 대면 만남이 줄어든 코로나19 팬데믹 상황에서도 선물 수요는 도리어 증가했습니다. 이동이 제한되면서 부모님 집을 방문하지 못한 사람들이 대신 선물을 보내는 경우도 늘었습니다.

실은 백화점은 원래 선물을 사기 위해 오는 사람들이 많은 곳입니다. 미츠스토어는 출점된 상품 중에서 다양한 상품을 조합해 받는 사람에게 적합한 선물을 제안해줍니다. 다카시마야가 오랜 기간 백화점을 운영하며 길러온 접객 서비스를 활용하는 것이죠. 그리고 고객이 미츠스토어의 전용 온라인 몰에서 제품을 구입하면 그에 맞는 포장 서비스를 제공합니다. 그뿐만 아니라 SNS상에서만 교류하는 등 주소를 모르는 상대에게도 URL을 통해 상품을 보낼 수 있는 '소셜 기프트' 기능도 마련했습니다.

다카시마야가 쇼룸형 매장을 선보인 또 하나의 이유는 해외 사업을 염두에 두고 있기 때문입니다. 코로나19 확산으로 인해 도쿄를 방문하는 해외 관광객이 급감했지만 신주쿠는 외국인 관광객들이 꼭 들르는 곳 중 하나입니다. 일본을 방문한 관광객들에게 인기가 있는 상품은 해외에서도 인기가 높다고 하는데요. 다카시마야 백화점은 좋은 상품이지만 해외에 아직 잘 알려지지 않은 상품을 미츠스토어를 통해 관광객들에게 알릴 수 있다고 보았습니다. 신주쿠를 방문하고 제품을 접한 외국인 관광객이 자국으로 돌아가서 미츠스토어의 온라인 사이트를 통해 제품을 구입하는 것이죠. 미츠스토어는 외국인 관광객에게 일본의 제품을 알리는 홍보관의 역할을 하는 것입니다.

이렇듯 쇼룸형 매장은 국내를 넘어 해외 사업을 염두에 두는 브랜드도 관광객을 타깃으로 운영할 수 있습니다.

물건을 팔지 않는 매장은
팔릴 것인가

최근 도쿄의 백화점들에 새로운 비즈니스 모델로 떠오른 소위 '팔지 않는 매장'은 과연 잘 팔릴까요? 팔지 않는 매장은 지금 당장 눈앞의 매출에 연연하지 않는 것이 콘셉트입니다. 하지만 아무리 '물건을 팔지 않는 매장'이지만 오프라인 매장을 운영하는 고정비를 커버하기 위해서는 온라인에서의 매출액이 증가해야 할 것입니다.

온라인에서의 매출을 늘리기 위해서 오프라인에서는 제품의 매력을 최대한 잘 알리는 것이 중요합니다. 이를 위해 몇몇 공간은 직원을 적극적으로 활용하고 있습니다. 이때 직원의 접객 기술은 기존의 매장과는 달라야 합니다. 현재의 매출에 연연하지 않고 고객들이 가장 편안한 상태로 브랜드와 제품을 체험하게 해야 하기 때문이죠.

고객 입장에서는 '구매를 거절할 때 발생하는 심리적인 스트레스'로부터 해방될 수 있습니다. 진열된 상품에 관해 설명을 들어도 구매를 강요당하지 않기 때문에 부담 없이 들러서 관심 있는 상품을 보고 접할 수 있습니다. 정말로 원하는 상품을 충분히 만져보고 음미한 후 원할 때 인터넷으로 구입하는 과정 자체가 고객에게는 스트레스가 없는 긍정적인 체험입니다. 점원 또한 판매 실적에 연연하지 않기에 상품의 장단점을 투명하게 알리는 접객이 가능합니다.

상업 시설에 있어 '물건을 팔지 않는 매장'은 새로운 브랜드를 발굴하는 방법이 될 수 있습니다. 매장을 상시로 운영하면서 재고를 쌓아놓고 판매하는 기존의 사업 모델 아래에서는 새로운 거래처를 개척하기가 쉽지 않습니다. 오프라인 매장의 운영비를 커버하기 위해서는 일정한 매출이 나와야 히기 때문에 백화짐 또한 이미 널리 알려진, 매출이 보장되는 브랜드를 입점시킵니다. 만들어진 지

얼마 안 된 브랜드 입장에서도 백화점보다는 인터넷 쇼핑몰에 출점하기가 쉽습니다.

그러다 보니 백화점은 작지만 최근 소비자들로부터 인기를 끌고 있는 매력적인 브랜드를 유치하지 못하게 되고, 결국 자본력이 있는 비슷한 브랜드만 입점하게 됩니다. 즉 백화점 간의 차별화도 쉽지 않습니다.

반면 매력이 있다고 해도 아직 자금력이 없는 D2C 브랜드를 다수 모으는 것 또한 백화점 입장에서는 쉽지 않습니다. D2C 브랜드는 백화점에 상주할 판매 인력을 보낼 여력이 없는 경우도 많고요. 이러한 다양한 과제를 해결할 방법이 바로 쇼룸형 매장인 것입니다.

쇼룸형 매장을 운영할 때는 명확한 목적을 설정하는 것이 중요합니다. 쇼룸형 매장을 통해 달성하고자 하는 목적은 매출 증가, 테스트 마케팅, 그리고 광고 선전의 3가지 정도로 생각해볼 수 있습니다.

첫 번째는 매출 증가입니다. 파는 것을 주목적으로 하지 않는 매장이기는 하지만 출점료를 지불하는 이상 투자에 걸맞은 매출 효과를 기대하는 것은 당연합니다. 쇼룸형 매장을 경유한 구매 전환율 (conversion rate)이나 신규 회원 등록자 수 등 매출 증가와 연관된 항목을 KPI(Key Performance Indicator, 핵심 성과 지표)로 설정하고 이를 어떻게 측정할 것인지 고민해 투자 대비 효과를 판단해야 합니다. 예를 들어 전시된 상품을 5% 할인된 가격에 구매할 수 있는 QR코드가 인쇄된 전단지를 방문객에게 배포한다면 쿠폰을 사용한 고객의 매출은 쇼룸을 통한 매출로 파악할 수 있을 것입니다.

파는 것이 주목적은 아니지만 당일 물건을 가져가고 싶어하는 고객도 있습니다. 이에 대응해 특정 쇼룸형 매장에서는 일부 상품은 가져갈 수 있도록 하고 있습니다. 단 접객 시에는 적극적으로 구매를 권장하지는 않는 것이 원칙이며 고객이 먼저 묻거나 원할 때만 판매하고 있습니다.

쇼룸 형태를 띠고 있지만 파는 것을 전제로 출전하는 기업도 있습니다. 간식 구독 서비스인 스낵미(snaq.me)는 츄스베이스시부야에 출점했는데, 다른 브랜드들과 다르게 그 자리에서 바로 스낵을 구입할 수 있도록 하고 있습니다. 스낵미는 그 이유를 다음과 같이 밝히고 있습니다.

"온라인에서 닿을 수 없었던 분들, 서비스에 관심은 있지만 구입에 이르기까지 망설여지는 분들의 벽을 낮춥니다."

_ 핫토리 신타로, 스낵미 CEO, 닛케이 인터뷰

이러한 목적을 달성하기 위해 스낵미는 인기가 높은 과자를 조금씩 모아놓은 체험 세트인 '한입.me 박스(ひとくち.me BOX)'를 츄스베이스시부야 전용 상품으로 개발했습니다. 이 상품이 하루에

30~40개씩 팔릴 정도로 크게 인기를 얻으면서 스낵미를 몰랐던 고객들에게 다가가고 있습니다.

두 번째로 테스트 마케팅입니다. 팔지 않는 가게의 점원은 상품의 매력과 가치를 방문객에게 차분히 전달할 뿐만 아니라 방문객의 반응을 파악하는 중요한 역할을 합니다. 신상품을 개발하고 반응을 보기 위해 20~30명의 모니터 요원을 모아 조사한다면 일본에서는 회당 100만 엔 정도의 비용이 듭니다. 하지만 쇼룸형 매장에 출점하면 점원이 고객과의 커뮤니케이션을 통해 얻은 상품의 반응을 전해 들을 수 있습니다. 또 이벤트를 통해 고객의 목소리를 직접 듣는 기회를 만들 수도 있습니다.

필요하다면 접객 시 꼭 물어보고 싶은 사항을 사전에 1~2개 정도 요청할 수도 있습니다. 예를 들어 상품 개선이나 개발 방안 가설을 찾고 있는 경우 직원을 통해 질문함으로써 수요 여부에 관한 솔직한 의견을 모을 수 있습니다.

인터넷에서 다수를 대상으로 조사하는 것에 비해 조사 대상 인원은 소수일지 모릅니다. 하지만 이들 중 상품 및 서비스에 큰 관심을 가진 내점객이 있다면 더욱 심도 있게 파고들어 이야기를 들음으로써 큰 발견으로 이어질 가능성도 있습니다. 테스트 마케팅을 목적으로 한 경우에는 가설을 검증하기 위한 정성적인 데이터 취득 건수를 KPI로 설정할 수도 있을 것입니다.

세 번째, 쇼룸형 매장의 마지막 목적은 광고 선전 효과입니다.

인지도가 낮은 상품 및 서비스, 브랜드를 전시해 고객이 알 수 있도록 하는 것이죠. 판매가 주목적이 되면 마케팅 및 영업 부문과의 절충이 필요하기에 광고 효과만을 고려한 KPI를 설정하기 힘든 경우가 있습니다. 하지만 쇼룸형 매장의 '팔지 않는다'라는 특성이 이러한 갈등을 해결하고 순수하게 광고 효과에 초점을 맞추고 측정할 수 있도록 해줍니다.

소위 '물건을 팔지 않는' 쇼룸형 매장을 운영하면서도 매장을 통해 무엇을 얻을 것인지 미리 명확한 목표를 설정하고 이를 어떻게 측정할 것인지 KPI를 설정하는 것이 중요합니다. 특히 쇼룸형 매장은 태어난 지 얼마 안 된 새로운 형태의 리테일입니다. 그렇기에 더욱더 명확한 목표 수립, 그리고 회고를 통한 개선이 중요할 것입니다.

3장

물건이 아닌 데이터를 팝니다

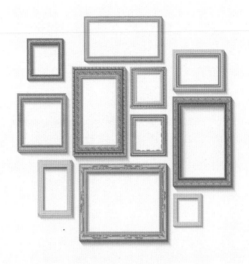

상업 시설의 쇼룸화는 세계적인 트렌드입니다.
오프라인 공간이 물건을 파는 장소가 아닌
물건을 전시하는 곳으로 역할이 바뀌고 있습니다.
그리고 한발 더 나아가 오프라인 매장에서
고객의 행동을 분석해 제조사의 마케팅과 제품 개선에 활용합니다.

요즘 온라인 쇼핑몰에서는 구입 이력을 바탕으로 제가 좋아할 만한 상품을 추천해줍니다. 심지어 쇼핑몰에 들어가지 않아도 인터넷에서 관심 있게 보았던 물건들이 귀신같이 제가 방문하는 웹사이트를 따라다니죠. 어느새 우리는 이러한 온라인에서의 행동과 이력이 남겨지는 것을 당연하게 여기게 되었습니다.

하지만 오프라인에서는 이렇게 소비자의 행동을 일일이 파악하기 어렵습니다. 여러분이 만약 오프라인 공간을 운영하는 사업자라면 아마 이런 생각이 들지도 모릅니다. '오프라인 매장에서 고객의 행동을 분석해 마케팅 활동이나 상품 개선에 활용할 수 없을까?'라고 말이죠.

이번 장에서는 이러한 니즈에 대응하는 새로운 오프라인 비즈니스 모델인 '데이터를 파는 리테일'을 소개합니다.

오프라인에서도
고객을 분석하다

　베타(b8ta)는 2015년 미국 실리콘밸리에서 창업한 스타트업으로 앞서 소개한 '서비스로의 리테일(RaaS)*'의 선구자라고 불리는 곳입니다. 즉 베타는 물건의 판매를 주된 목적으로 하는 매장이 아니라 브랜드와 제품을 전시하고 소개하는 쇼룸형 매장이라고 생각하면 됩니다.

　하지만 베타는 2가지 면에서 일반 쇼룸형 매장과 조금 다릅니다. 첫 번째는 베타의 홈페이지에 적힌 캐치프레이즈에서 알 수 있듯이 기술을 활용한 혁신적인 제품들이 주로 전시되어 있다는 점입니다.

　"전 세계의 모든 혁신적인 상품을 발견해보세요."

　(Discover the world's most innovative products.)

　베타에서는 '어, 이 제품 재미있는데?'라고 소비자의 궁금증을

●　Retail as a Service. 리테일을 서비스로 만들어서 소매 매장 운영에 필요한 공간과 직원, 인프라를 패키지화해 제공하는 서비스

불러일으키는 최신 기술을 활용한 신박한 아이템들을 많이 만날 수 있습니다. 이 중에는 시장에 출시되어 팔리고 있는 제품도 있지만 아직 시장에 출시되지 않는 제품들도 다수 있습니다.

베타의 두 번째 특징은 천장에 달린 카메라가 고객을 관찰하고 고객 행동 데이터를 수집하는 것입니다. 온라인에서 고객 행동을 수집하듯이 이곳은 오프라인 매장 내에서 고객들의 행동 데이터를 수집해 제조사에게 제공합니다. 또한 판매 직원이 제품을 시험해보는 방문객과 커뮤니케이션을 통해 얻은 의견을 모아서 제조사에 전달합니다.

잠깐, 여기서 '그럼 내 얼굴과 행동이 다 기록되면 프라이버시 침해 아닌가?'라고 의문을 갖는 사람들이 있을 텐데요. 베타는 개인을 특정하는 데이터 및 영상은 모두 삭제한다고 합니다. 영상을 분석한 후 가공된 데이터만 전달하는 것이죠. 실제로 베타 매장 앞쪽엔 '방문객의 행동 데이터를 수집하며, 개인을 특정할 수 있는 영상은 전부 삭제한다.'라는 내용을 게시하고 있습니다.

베타는 2021년 기준으로 전 세계에 총 14개의 매장(미국 9개, 두바이 1개, 사우디아라비아 1개, 일본 3개)을 운영했으며, 이 중 일본 도쿄에 3개(유라쿠초, 신주쿠, 시부야)의 매장이 있었습니다. 일본의 여러 기업은 베타가 등장할 당시부터 샌프란시스코의 매장에 시찰을 갔다고 합니다. 도쿄에 새로운 베타 매장을 열 때마다 여러 뉴스와 방송에서 소개하는 등 '데이터를 파는' 새로운 형태의 리테일에 대한 관심이 지대합니다. 이후 베타와 비슷한 고객 행동을 분석하는 시도들이 속속 등장하는 등 베타가 도쿄의 리테일 신(scene)에 미친 영향은 큽니다.

하지만 2022년 2월 18일, 베타는 미국에 열었던 전 매장을 폐점했습니다. 미국의 베타는 방문자 수에 따라 입점료가 변동되거나 혹은 매장 내 매출의 일부를 쉐어링하는 수익 모델로 운영하고 있었는데요. 예상치 못한 코로나19 팬데믹이 터지면서 매장의 방문자 수가 크게 줄어들고 이에 따라 수익이 급감한 것이 폐점 이유입니다.

반면 베타 재팬은 미국 매장이 고전을 면치 못하는 중에도 지속적으로 매장을 확대해 나갔습니다. 그럴 수 있었던 가장 큰 이유는 미국처럼 매출을 쉐어링하는 모델이 아니라 제품을 전시하는 공간을 대여하고 일정 금액을 받는 수익 모델로 운영했기 때문입니다.

미국에서 비즈니스를 접는 결정을 내리는 와중 베타 재팬은 2020년 9월부터 미국 본사의 지분을 매입했습니다. 2021년 12월에는 베타의 상표권과 소프트웨어 라이선스까지 획득해 독립적인 사업체로 만들었습니다. 현재 일본 재팬은 미국에서 분리된 독립체로서 사업을 이끌어 나가고 있습니다. 이제부터 베타라는 새로운 콘셉트의 매장을 한 번 자세히 둘러볼까요?

우리 제품은 누가 제일 좋아할까, 베타 유라쿠초

도쿄 교통의 중심지인 도쿄역에서 10분 정도 걸어가면 '유라쿠초'라는 이름의 역이 나옵니다. 이곳에 베타 유라쿠초점이 있습니다.

이곳에는 주로 기술을 활용한 아이디어 제품들이 전시되어 있습니다. 코골이 방지 베개, 헤드폰과 연결된 허리 벨트가 저주파수 음역의 진동을 모방해 몸에 전달함으로써 마치 4D 영화관에서 영화를 보는 것 같은 박진감을 느끼도록 하는 우저 스트랩 엣지(Woojer Strap Edge), 태블릿 PC용 타자기, 귀여운 애완 로봇, 음성을 바로 글자로 변환해서 보여주는 패널 등 평소에는 잘 만나기 힘든 제품들이 한가득입니다.

이곳에는 약 50~100개 제조사의 제품들이 전시되고 있습니다. 정기적으로 전시하는 제품이 바뀌기 때문에 고객은 방문할 때마다 새로운 경험을 기대할 수 있습니다. 전시된 제품 옆에는 태블릿 PC가 설치되어 있어서 제품에 대한 정보와 영상을 확인할 수 있습니다.

가로 60cm, 세로 40cm 크기의 진열대 공간을 '1구획'이라고 합니다. 제조사는 자사의 제품을 전시할 수 있는 1구획에 월 30만 엔(한화 약 300만 원)을 지불합니다. 매장 일각에 별도로 마련된 '특별

좌. 베타 유라쿠초점의 모습
우. 제품과 함께 설치된 태블릿 PC로 제품에 관련 설명과 영상을 확인할 수 있다.

©정희선

룸'이라고 불리는 공간은 무려 월 300만 엔(한화 약 3천만 원)을 지불해야 한다고 합니다. 제품의 전시는 6개월이 기본 계약 기간이나 브랜드에 따라 3개월 혹은 1년을 계약하기도 합니다.

베타 매장에 전시되는 브랜드 혹은 제품은 어떻게 발굴하는 것일까요? 먼저 브랜드에서 베타에 입점을 의뢰하는 '인바운드형', 반대로 베타의 세일즈 팀이 직접 입점시키고 싶은 브랜드를 찾아 제안하는 '아웃바운드형'의 2가지 방식이 있으며, 인바운드형 의뢰의 비중이 더 많다고 합니다.

이제 본격적으로 베타가 어떻게 고객의 행동을 분석하는 것인지 조금 더 자세히 들여다볼까요? 유라쿠초 매장의 천장에는 22대의 AI 카메라가 설치되어 있습니다. 이를 통해 고객이 매장을 들어서는 순간부터 나이와 성별, 움직임과 동선, 어느 제품에 관심을 보였는

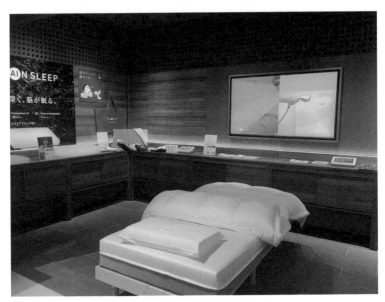

베타 유라쿠초점의 특별 룸

©정희선

지(5초 이상 시선이 머물면 관심을 보였다고 여김), 어느 제품을 체험해보았는지 등을 추적합니다. 그 결과 몇 명이 매장을 방문했고(Impression), 그중 몇 명이 A라는 제품에 관심을 보이고(Discovery), 몇 명이 실제로 제품을 만져보고 체험했는지(Demos) 등을 분석합니다.

예를 들어 "12월 7일 총 방문객 100명 중 A 제품에 관심을 보인 사람은 40명(40%)이며, 이들 중 30%는 30대 여성, 20%는 40대 여성이었고, 관심을 보인 40명 중 실제로 제품을 만져보거나 체험해본 사람은 80%다." 이런 데이터를 제공함에 따라 제품에 관심이 있는 고객층을 파악할 수 있고, 얼마나 고객들의 관심도가 높은지를 알 수

3장 물건이 아닌 데이터를 팝니다

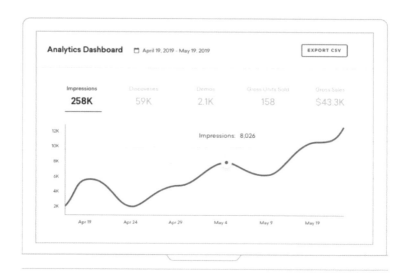

각 제품이 몇 명의 고객에게 노출되었고, 이 중 몇 명이 관심을 보였으며, 몇 명이 체험했는지에 관한 정량 데이터를 제공한다.

있습니다.

정량적인 데이터뿐만 아니라 베타 매장의 스태프가 제품을 체험해보는 고객과의 커뮤니케이션을 통해 얻은 의견, 즉 정성적 데이터도 제공합니다. 매장에서 일하는 직원은 '베타 테스터'라고 불리는데 크게 2가지 역할을 담당합니다.

첫째, 제품을 고객에게 설명합니다. 하지만 단지 제품의 정보나 가격을 전달하는 것이 아니라 제품을 만들게 된 계기 혹은 제품 개발과 관련된 이야기 등을 전달합니다. 둘째, 소비자로부터 피드백을 받는 것입니다. 제품을 체험해본 고객들이 감상을 전하면 이를 데이터 베이스에 입력하고, 제품을 전시 중인 브랜드는 소비자 피드백을 언제든지 열람할 수 있습니다.

제조사 입장에서는 베타에 제품을 전시함으로써 고객들과 오프라인 접점을 가지고, 실제 제품을 시장에 출시하기 전에 타깃 고객을 파악하고 고객의 의견을 얻을 수 있습니다.

제품 출시 전 베타를 통해 데이터를 얻은 사례를 한 번 들어볼까요? 화장품 제조사 카오(花王, KAO)가 개발한 '바이오미메시스 베일'이라는 미용 기구가 있습니다. 기기에서 나오는 액체를 피부에 뿌리면 이 액체가 투명하고 얇은 막을 형성해서 피부에 바른 화장품이 더 잘 흡수되도록 도와주는 미용 기기입니다. 카오는 소비자들의 반응을 살펴보기 위해 정식으로 제품을 출시하기 전에 이 기기를 베타에 전시했습니다.

카오는 이 제품을 여성 고객 대상으로 개발했습니다. 하지만 베타 매장에 진열해보니 제품에 흥미를 보인 사람의 19%가 남성이었다고 합니다. 제조사인 카오도 예측하지 못한 정보에 놀랐고, 이를 마케팅과 프로모션에 활용할 계획이라고 합니다.

시장에 출시되지 않은 제품만 전시하는 것은 아닙니다. 이미 팔리고 있는 제품을 베타에 출점함으로써 앞으로 어떻게 상품을 개선할지에 대한 힌트를 얻을 수도 있습니다. 이번에도 사례를 하나 들어보죠.

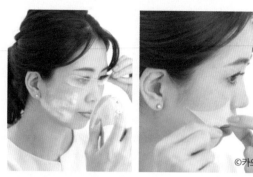

©카오

미용 기구 바이오미메시스 베일

©CAINZ

카인즈의 빗자루

어느 날 일본의 홈센터°인 카인즈(CAINZ)의 '빗자루'가 베타에 진열되었습니다. 베타에 출점된 제품들 중 하이테크 제품이 많은 걸 봤을 때 왜 빗자루가 출점했는지 의아해할 수도 있는데요. 이 빗자루는 왼쪽의 사진에서 보이는 것처럼 브러시 부분이 안으로 들어가도록 만들어 깔끔하게 보관할 수 있어 크게 인기를 얻었지만 어느 순간부터 매출이 정체되기 시작했습니다. 카인즈는 매출 정체의 이유를 알고 싶고, 어떻게 제품을 개선하면 좋을지 아이디어를 얻고 싶었지만 쉽지 않았습니다. 그래서 베타에 출점을 결정합니다.

베타 출점 후 카인즈는 "빗자루의 길이가 더 길면 좋겠다." "브러시를 집어넣었다 뺐다 하는 부분의 조작이 불편하다." 등 고객들로부터 의견을 받을 수 있었습니다. 이러한 고객들의 의견을 반영해 카인즈는 길이는 더 길게, 브러시를 조작하는 부분은 터치 형식으로 제품을 개선했습니다.

이처럼 기존에 출시된 상품에 대한 아이디어가 필요할 때도 베타에의 출점은 좋은 솔루션이 됩니다. 베타 재팬 CEO는 티비 도쿄(TV Tokyo)와의 인터뷰에서 자사의 미션을 이렇게 정의합니다.

"베타는 새로운 발견을 위해 만들어진 리테일(Retail designed for discovery)입니다. 일본의 다른 주요 도시에도 적극적으로 출점해 국내

● 생활용품, 공구, 페인트 등과 관련된 제품을 판매하는 창고형 대형 매장

에 8~10개 정도를 만들고 싶습니다."

고객들은 베타에서 새롭고 신박한 제품을 발견하는 기쁨을 누리고, 제조사는 쉽게 수집할 수 없는 오프라인 공간에서의 고객들의 행동과 제품에 대한 데이터를 얻습니다.

식품을 체험하러 오세요,
베타 시부야

2021년 11월 15일, 베타는 일본 내 세 번째 매장을 시부야에 열었습니다. 베타 시부야에는 대기업의 신상품부터 스타트업에서 만들고 있는 개발 단계의 제품까지 다양한 제품이 전시되어 있습니다. 그런데 매장에 들어서니 제일 먼저 닛산의 전기 자동차가 눈에 들어옵니다.

닛산은 대리점 등 오프라인에서 소비자와 만날 수 있는 통로가 많은 대기업이지만, 베타 시부야에 전기 자동차를 전시했습니다. 닛산 전기 자동차 직원은 티비 도쿄와 진행한 인터뷰에서 다음과 같이 말합니다.

"큰 상업 시설에 매장을 만들어 들어간다 해도 몇 명이 체험했는지, 몇

2021년 11월 오픈 당시, 베타 시부야의 전경. 들어서면 바로 닛산의 최신 전기 자동차가 전시되어 있다.

©정희선

명이 직원과 대화했는지, 그 제품에 관해 어떤 피드백을 주었는지 알 수 없습니다. 우리가 가지고 있는 데이터에 베타에서 얻은 데이터를 융합해 고객을 더 잘 이해하고자 합니다."

베타 시부야 또한 다른 베타의 매장과 마찬가지로 가로 60cm, 세로 40cm의 일반 구획과 약 4평 정도의 특별 룸으로 구성되어 있습니다. 시부야의 특별 룸은 매장 입구에 위치하기 때문에 매장에 들어오지 않아도 전시된 브랜드의 이름과 제품을 밖에서 볼 수 있습니다. 도쿄에서 가장 유동 인구가 많은 시부야에 전시되는 자체만으로도 광고 효과를 노릴 수 있습니다.

시부야의 매장이 다른 베타 매장과 다른 점은 식품 브랜드가 대거 전시되어 있다는 점입니다. 시부야 매장에는 국내외 37개의 브랜드가 전시되어 있는데, 그중 13개가 식품 브랜드이며 식품의 체험도 가능합니다. 식음 및 시식은 전 세계의 베타 매장 중에서도 처음 하는 시도라고 합니다. 아직 출시가 안 된 제품 혹은 출시는 했지만 인터넷으로만 팔아서 인지도가 낮은 브랜드의 식품들이 늘어서 있습니다.

미국의 한 벤처 기업이 만든 일본 라면을 끓여주는 자판기인 요카이 익스프레스(Yo-Kai Express)가 설치되어 있어서 원한다면 라면도 먹을 수 있습니다. 대체육 만두, 글루텐 프리 파스타 면 등이 전시되어 있고, 이들도 맛볼 수 있습니다. 시식한 후 스태프에게 감상을 전달하기만 하면 되죠.

왜 식품일까요? 최근 대체육, 글루텐 프리, 당질 제로, 완전식품 등 식품의 세계에서도 많은 혁신이 일어나고 있습니다. 그런데 이러한 제품을 알릴 기회는 적죠. 그래서인지 베타 매장을 연 후 식품 기업으로부터 출점 의뢰가 많았다고 합니다. 1구획을 사용하는 데 월 30만 엔(한화 약 300만 원)을 지불함에도 불구하고, 준비된 41구획이 전부 팔릴 정도입니다.

또한 식품에서도 온라인 쇼핑이 확산되고 있지만 어떤 맛인지 모르면 구입으로 연결되지 않는 경우가 많습니다. 시각, 청각, 촉각, 미각, 후각의 오감 중 온라인 몰에서 효과적으로 전달 가능한 영역

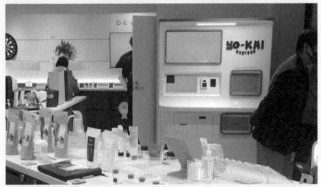

상. 베타 시부야에 전시된 제품의 3분의 1은 식품 브랜드다.
중. 일본 라면을 즐길 수 있는 자판기 '요카이 익스프레스'가 설치된 모습
하. 매장 뒤쪽의 카운터에서 식음 및 시식이 가능하다.

은 시각과 청각뿐입니다. 인터넷이 전할 수 없는 미각을 매장에서 전달함으로써 비즈니스 찬스를 만들고 있는 것입니다.

이러한 이유로 최근 식품 산업에서도 쇼룸형 매장을 만드는 시도가 있습니다. 식품의 맛을 모른 채 살 수밖에 없는 결점을 메우기 위해 '시식 전문'을 콘셉트로 내세운 매장이 도쿄 다이칸야마에도 등장한 것입니다.

'메구다니 다이칸야마'는 약 46m²의 매장에 각종 조미료, 치즈케이크와 같은 디저트류, 다양한 과일 등 약 30종류의 식품이 전시되어 있습니다. 이 중에서 먹어보고 싶은 상품을 발견하면 식품 옆에 있는 '시식 카드'를 카운터에 제시합니다. 매장 내에는 고객들이 천천히 맛볼 수 있도록 전용 테이블과 의자까지 마련해놓았습니다. 다만 이곳 또한 쇼룸이기 때문에 마음에 드는 상품을 매장에서 구입할 수 없습니다. 시식 카드 위에 인쇄된 QR코드를 찍어 온라인에서 구입해야 합니다.

이렇듯 식품은 최근 일본의 쇼룸형 매장에서 인기 있는 아이템으로 떠오르고 있습니다. 인터넷은 시각적 이미지와 소리를 전달함에 있어서는 훌륭한 도구이지만 맛과 향을 전달하는 데는 한계가 있습니다. 이러한 약점을 보완하는 오프라인 공간을 통해 식품의 매력을 알립니다.

지역 특성에 맞추다, 베타 고시가야 레이크타운

미국의 베타 매장은 전자 제품이 주를 이루고 있었습니다. 하지만 일본 법인은 전자 제품에 집중된 상품군에 의문을 가졌습니다. 일본은 대기업이 운영하는 가전 양판점이 많기 때문에 가전을 중심으로 제품을 진열하면 경쟁이 심해지고 시장이 작아질 것이라는 이유였습니다.

베타의 미션인 '리테일을 통한 새로운 발견'을 생각한다면 굳이 제품 카테고리를 좁힐 필요가 없다고 판단했습니다. 그래서 일본의 베타는 미국과 다르게 음식, 화장품, 의류 등 취급하는 상품의 폭을 넓히는 독자적인 전략을 취했습니다. 고객들이 더욱 풍부한 체험을 하길 원한 것입니다.

또한 일본 베타의 매장들은 출점 기업의 상품에 따라 타깃 고객이 많은 지역을 선택해 입점하도록 유도합니다. 예를 들어 남성용 가죽 신발이라면 남성 전용 백화점인 '한큐 맨즈' 옆에 위치한 유라쿠초의 매장을 추천하거나, 젊은 여성에게 알리고 싶은 상품은 신주쿠나 시부야의 매장을 추천하는 식입니다. 일본 유수의 회사들이 다수 자리 잡고 있는 도쿄역에서 가까운 유라쿠초 매장에는 40~50대의 고소득 남성들의 방문이 많습니다. 그래서 고가의 IT

©b8ta Japan

©정희선

상. 베타 고시가야 레이크타운 매장
하. 베타 고시가야 레이크타운에는 주방이 있어 최신 IoT 가전을 체험해볼 수 있다.

기기를 주로 전시하고 있으며 그 자리에서 고가의 기기를 바로 구입하는 사람도 많다고 합니다.

2022년 봄에 새롭게 선보인 네 번째 베타 매장은 도쿄의 위성 도시인 사이타마에 위치한 '이온 레이크타운'이라는 쇼핑몰에 들어섰습니다. 이온 레이크타운은 가족 단위 고객이 주로 방문하는 상업 시설로 전체 길이가 무려 1km에 달하는 규모를 자랑합니다. 2021년에는 5천만 명 이상의 방문객이 들른 곳인데요. 쇼핑몰 입구에 위치한 스타벅스 옆에 자리 잡아 고객들이 커피를 사는 김에 들를 수 있도록 했습니다. 또한 베타는 이온 레이크타운의 고객층과 동일한 패밀리층을 타깃으로 해서 매장을 구성했습니다.

베타 고시가야 레이크타운의 가장 큰 특징은 매장 안에 주방이 있다는 점입니다. 최근 스마트폰으로 온도 관리가 가능한 프라이팬 등 IoT 기술을 활용한 조리 가전이 속속 시장에 출시되고 있으며, 베타에 출점 의뢰도 늘고 있습니다. 베타는 이러한 조리 가전과 조리 가전이 만든 식품을 체험할 수 있도록 했습니다.

또한 가전 렌털 사업을 진행하는 렌티오(Rentio)와도 제휴했습니다. 베타에서 체험한 가전제품을 집에서 2주간 대여해 차분히 검토한 뒤에 구입할 수 있도록 하는 점도 다른 베타 매장에서는 볼 수 없는 새로운 시도입니다.

앞서 언급한 것처럼 베타를 설립한 미국은 전 매장을 철수하고, 일본 법인이 상표권과 소프트웨어의 라이선스를 취득해 독립적으로 운영하고 있습니다. 베타 재팬은 향후 아시아의 다른 나라로의 진출을 염두에 두고 있기에 '베타'라는 브랜드 이름이 중요할 것으로 판단, 베타라는 이름을 유지하고 있습니다.

베타를 탄생시킨 미국에서는 아쉽게도 더 이상 매장을 만나볼 수 없지만 베타가 리테일 업계에 제시한 비전과 영향력은 무시할 수 없을 것입니다.

◇

일본판 베타, 츠타야 가전 플러스와
에이즐림 카페

일본 기업 중에서도 베타와 비슷한 비즈니스 모델을 운영하는 곳이 있습니다. '라이프 스타일을 제안하는 서점'으로 유명한 츠타야 서점이 만든 '츠타야 가전'입니다. 도쿄의 후타코타마가와에 위치한 츠타야 가전을 방문하면 1층의 일각에 '츠타야 가전 플러스(蔦屋家電＋)'라고 이름 붙은 공간을 볼 수 있습니다.

이곳에는 일반 가전 양판점에서는 볼 수 없는 참신한 제품을 전시하고 있는데요. 츠타야 가전 플러스 또한 제품을 팔아서 수익을 올리는 곳은 아닙니다. 베타처럼 고객의 행동을 분석하고 데이터를 판매합니다. 출점을 원하는 기업은 제품 한 개에 월 30만 엔(한화 약 300만 원)의 출점료를 내고 자사의 제품을 전시합니다.

츠타야 가전 플러스는 매장 안에 설치된 카메라로 방문객들의 행동 데이터를 수집하고 분석합니다. '베타 테스터'와 비슷한 역할을 하는 '컨시어지'라고 불리는 점원이 고객에게서 들은 의견도 기록합니다. 이렇게 모은 데이터를 종합해 제조사에 제공하고 수익을 올립니다. 마치 베타처럼요. 상품 한 개에 월평균 7천 개의 행동 데이터와 약 50건의 의견이 수집된다고 합니다.

하지만 츠타야 가전 플러스가 베타와 차별화되는 포인트는 '츠타야'라는 브랜드가 가진 집객력입니다. 츠타야 가전 내에는 서점, 스타벅스 등이 있어 전자 제품을 살 목적이 없더라도 시간을 보내기 위해 방문하는 고객이 많습니다. 게다가 2021년 2월에 들어선 츠타야가 운영하는 공유 오피스인 '쉐어 라운지(Share Lounge)'에서 업무를 보기 위해 정기적으로 방문하는 고객들도 많고요.

고객 행동 분석을 위한 데이터 수집에서 가장 커다란 과제는 '어떻게 많은 사람의 방문을 유도할 것인가'인데요. 베타 재팬의 COO(Chief Operating Officer)인 하다 히로키 씨는 필자와의 인터뷰에서 이렇게 전합니다.

"고객들이 오프라인 매장을 방문하도록 하는 것은 어렵습니다. 그래서 저희는 출점할 때 입지를 아주 중요하게 생각합니다. 저희가 출점한 유라쿠초, 신주쿠, 시부야, 그리고 고시가야는 하루에도 수천 혹은 수만 명이 지나가는 길목에 위치해 있습니다."

고객의 행동을 분석하고 데이터를 판매하는 새로운 유통의 첫 번째 고민은 '집객력을 어떻게 높일 것인가'입니다. 츠타야라는 브랜드가 가진 '집객력'이라는 자산을 이해하면 츠타야가 왜 '팔지 않는 유통'에 도전하고 있는지 자연스럽게 이해가 됩니다.

마지막으로 아직 베타만큼 크게 성장하지는 못했지만 '일본판 베타'를 꿈꾸는 작은 카페를 하나 더 소개하겠습니다. 일본의 통신사 NTT가 스타트업인 코넥티드 커머스와 함께 협업해 도쿄 시부야 지하상가에 연 작은 카페 에이즐림 커넥티드 카페(AZLIM CONNECTED CAFÉ)입니다.

에이즐림 카페는 바리스타가 내린 스페셜티 커피가 한 잔에 99엔(한화 약 1천 원)입니다. 임대료가 비싼 시부야에서 스페셜티 커피를 1천 원에 팔아서 남는 것이 있을까요? 하지만 이곳은 커피로 수익을 올리는 곳이 아닙니다. 이곳은 내점객의 행동을 분석하고 상품에 대한 반응을 출점자에게 피드백해 수익을 올리는 카페 겸 쇼룸, 즉 일본판 베타를 꿈꾸는 카페입니다.

크지 않은 15평의 매장이지만 약 300점의 상품을 진열할 수 있는 장소가 마련되어 있습니다. 제조사는 월 3만 3천 엔(한화 약 33만 원)의 출점료를 내면 자사 제품을 전시할 수 있습니다. 여기에서도 고객이 직접 상품을 구입하는 것은 불가능하며, 상품이 마음에 들면 옆의 QR코드를 읽어 주문합니다. 전시된 상품이 인터넷 사이트에서 팔리면 카페는 출점료에 더해 10%의 판매 수수료를 얻습니다.

코넥티드 커머스의 CEO 나카무라는 〈닛케이 비즈니스〉 기사에서 왜 '사람들이 자주 방문하는 카페'에 주목했는지에 대한 의견을 밝혔습니다.

에이즐림 카페 전경
ⓒ정희선

"5G, 인터넷의 발달로 인해 이제 더 이상 매장이 어디에 위치해 있는지는 중요하지 않게 되었습니다. 하지만 인터넷 몰에서는 소비자의 반응을 확인하기가 어렵습니다. 그렇다고 팝업 스토어를 내려면 입지가 좋은 경우에는 월 수백만 엔(한화 약 수천만 원)은 듭니다. 하지만 3만 3천 엔(한화 약 33만 원)이라면 개인 사업주도 부담할 수 있는 금액입니다. 단순히 쇼룸에 일부러 오는 사람은 한정되어 있습니다. 얼마나 일상의 공간에 이러한 공간(쇼룸)을 만들 수 있을지가 열쇠가 될 것입니다."

체험형 매장에서는 물건 판매보다 제품과 브랜드를 알리는 것이 중요하기 때문에 매출이 아닌 방문 고객 수를 중시합니다. 즉 사람들이 일상적으로 들르는 장소인 카페에서 커피를 저렴한 가격에 제공함으로써 집객력을 높일 수 있다고 본 것입니다.

3장 물건이 아닌 데이터를 팝니다

카페 내부에는 주로 일본 각 지역의 특산물이 출품되어 있다.

©정희선

그런데 코넥티드 커머스는 왜 통신사인 NTT와 협업을 한 것일까요? 코넥티드 커머스는 오프라인 매장을 만들고, 매장에 출품할 제조사들을 섭외하는 등 전반적인 매장의 운영을 담당합니다. 그리고 NTT는 매장 내 고객의 행동이나 구입 정보를 분석하는 솔루션을 제공합니다. 코넥티드 커머스는 NTT와 손잡음으로써 출점자에게 더욱 유익한 마케팅 데이터를 제공할 수 있게 되었습니다. 출점자가 납부하는 출점료를 단순히 장소를 제공하는 것뿐만 아니라 소비자의 행동을 분석하는 데 사용합니다.

NTT는 지금까지 화상 자료를 분석해 도난을 예측하고 방지하는 기술, 고객의 음성을 텍스트로 전환하는 기술을 개발해왔는데요.

NTT가 통신 비즈니스를 하면서 길러온 기술을 내점객의 행동 분석에 응용하는 것입니다.

입구의 카메라로 내점객의 나이와 성별을 파악하고 카메라가 내점객의 움직임을 쫓습니다. 상품 선반마다 몇 분 동안 체류했는지, 어떤 상품에 손을 뻗었는지 등을 분석합니다. 베타와 다르게 일부 상품은 설치된 태블릿 PC를 사용해 원격으로 제조사로부터 직접 설명을 들을 수도 있습니다. 음성 대화 데이터 또한 텍스트로 변환 및 해석해 방문객이 어떤 키워드에 반응했는지도 알 수 있습니다.* 이렇게 수집하고 분석한 데이터를 제조사에게 전달하고 제조사는 데이터를 활용해 상품을 개선하거나 쿠폰 발행과 같은 마케팅 활동에 사용합니다.

NTT에게는 어떤 메리트가 있을까요? NTT는 고정전화 사업을 주력으로 하는 현재의 비즈니스 모델에 위기감을 느끼고 있었습니다. 2021년 3월, 고정전화 계약 수는 20년 전 정점이었던 2001년 3월과 비교해 약 70% 감소했습니다. 그렇기에 NTT 또한 새로운 사업에 도전하지 않으면 안 되는 상황이었고, 자사가 길러온 데이터 수집 및 분석 기술을 활용해 새로운 시도를 해보려고 하는 것입니다.

• 물론 이곳에서도 베타와 마찬가지로 영상, 음성 모두 개인을 특정할 수 있는 데이터는 보관하지 않고 익명화합니다.

이러한 시도가 실제 효과가 있었을까요? 에이즐림 카페에 전시된 두유 쿠키는 한 두부 회사가 주부나 고령자를 타깃으로 개발한 제품이었습니다. 전시 후 10일간 약 1만 명 정도가 카페를 찾았고, 매장 내 여러 행동 데이터를 분석한 결과 주부나 고령자뿐만 아니라 20대 남녀의 관심도 또한 매우 높다는 것을 알게 되었습니다. 이에 근거해 젊은 층에 어필하는 디자인으로 패키지를 개선하니 매출이 약 20% 늘어났다고 합니다.

코넥티드 커머스는 앞으로 카페 겸 쇼룸형 비즈니스 모델을 프랜차이즈로 전개할 계획입니다. 역 안이나 쇼핑센터, 지방의 백화점 등 오프라인에 작지만 자신의 공간을 가지고 소비자의 행동으로부터 힌트를 얻고 싶은 브랜드는 수도 없이 많기 때문입니다.

시부야의 매장은 현재 15평에 불과한 작은 공간이지만 전시하는 제품의 수를 늘려 매장을 더 크게 만드는 것도 가능합니다. 현재는 지방의 특산품을 중심으로 운영하고 있으나 의류, 자동차 등 넓은 공간이 필요한 상품도 고려 중이라고 합니다.

상업 시설의 쇼룸화는 세계적인 트렌드입니다. 미국의 D2C 브랜드들이 오프라인에 쇼룸을 열고 있으며, 일본의 백화점들도 이러한 흐름에 동참합니다. 오프라인 공간이 물건을 파는 장소가 아닌 물건을 전시하는 곳으로 역할이 바뀌고 있습니다.

이전 장에서 소개한 RaaS 모델은 D2C 브랜드들이 오프라인에서 고객과 접점을 가질 수 있도록 공간과 접객 서비스, 필요한 설비 등을 서비스로 제공하는 체험형 매장에 초점을 맞췄습니다. 백화점을 중심으로 최근 인기 있는 브랜드, 그리고 젊은이들이 관심을 가질 브랜드를 소개함으로써 집객력을 높이는 장점이 있었습니다.

이번 장에서 소개한 RaaS 모델은 여기서 한발 더 나아가 오프라인 매장에서 고객의 행동을 분석해 제조사의 마케팅과 제품 개선에 활용할 수 있도록 도와주는 서비스입니다. 방문객들은 그저 지금까지 세상에 없던 새로운 제품을 발견하고 만나는 체험을 즐기면 됩니다. 지금, 물건을 팔지 않는 매장에서 팔리는 제품이 탄생하고 있습니다.

4장

온라인과 오프라인이 만납니다

앞으로 리테일러들은 오프라인 매장 내에
다양한 기술을 융합할 것입니다.
이는 쇼핑의 편의성을 높일 뿐만 아니라
방문객의 취향과 행동을 분석하고
개개인에게 적합한 상품을 추천해주는
큐레이션 기능으로까지 확장될 것입니다.

여러분은 필요한 물건이 떠오르면 가장 먼저 어떤 행동을 하시나요? 저는 온라인 쇼핑몰을 둘러보기 시작하는데요. 아마 저 같은 사람이 많을 것 같습니다. 특히 코로나19가 확산된 이후부터 인터넷 쇼핑몰은 이제 우리 생활에 없어서는 안 될 필수 인프라와 같은 존재가 되었습니다. 그래서 오프라인 리테일 중에는 온라인을 경쟁자로 보는 것이 아니라 온라인과 기술을 적극적으로 활용해 오프라인 공간에서의 고객 경험을 높이기도 합니다.

바로 '피지털 전략'입니다. 피지털(Physital)이란 오프라인을 의미하는 물리적 공간인 '피지컬(physical)'과 온라인을 의미하는 '디지털(digital)'의 합성어로, 디지털의 장점을 오프라인 공간에 결합해 고객의 경험을 개선시키는 것을 의미합니다. 식당에서 키오스크를 통해 주문함으로써 주문에 걸리는 시간을 줄이는 것, 화장품 매장에서 메이크업 앱을 이용해 고객에게 맞는 색조 화장품을 찾아주는 것과 같은 활동들이 모두 피지털 전략이 될 수 있습니다.

이러한 온라인과 오프라인의 융합은 세계적인 리테일 트렌드입니다. 아마존이 만든 세계 최초의 무인 슈퍼마켓인 아마존 고(Amazon Go)와 카트 안에 물건을 넣으면 자동으로 물건을 식별하는 스마트 카트인 아마존 대시 카트(Amazon Dash Cart)가 대표적인 예가 될 수 있죠.

일본에서도 최근 오프라인 매장에 온라인을 융합해 고객 경험을 높이려는 시도를 만나볼 수 있습니다. 일본의 쇼핑몰 혹은 브랜드들은 디지털 기술을 오프라인에 어떻게 융합하고 있을까요?

의류 브랜드들이
사이니지를 설치하는 이유

최근 일본의 많은 패션 기업이 그동안 당연하게 여겼던 오프라인 매장의 공식을 깨고 새로운 형태의 매장을 만들기 시작했습니다. 특히 2021년 이후 온라인과 오프라인을 융합한 소위 'OMO(Online Merge with Offline)형 매장'이라고 불리는 공간을 속속 선보이고 있습니다. 왜 패션 기업들이 온라인과 오프라인의 융합에 힘을 쏟기 시작할까요?

의류를 온라인에서 구입할 때 소재, 핏감 등을 직접 확인할 수

'스타일 힌트' 앱을 매장에 융합한 유니클로 하라주쿠 매장

©정희선

없다는 단점이 있습니다. 반면 오프라인 매장은 공간의 제약으로 인해 진열된 상품의 수가 제한되어 있죠. 이러한 각각의 단점을 보완하면서 고객에게 최고의 경험을 제공하는 방법은 무엇일까 고민하다 보니 자연스럽게 온라인과 오프라인 채널의 장점을 융합하게 된 것입니다.

1장에서 소개한 유니클로 또한 체험형 매장뿐만 아니라 오프라인 매장에 온라인을 접목한 매장을 선보였습니다. 유니클로가 2020년 새롭게 오픈한 하라주쿠 매장의 콘셉트는 '리얼과 가상을 융합한 매장'입니다. 유니클로가 개발한 패션 스타일링 앱인 '스타일 힌트(Style Hint)'의 온라인 콘텐츠를 오프라인 매장과 융합해 스타일을 제안하고 있습니다. 스타일 힌트는 사용자들이 올린 사진을 보면서 마음에 드는 패션 스타일을 클릭하면 유니클로의 상품 중 비슷한 혹은 같은 상품을 보여주는 앱입니다. 하라주쿠 매장은 이 앱을 어떻게 오프라인 공간과 융합했을까요?

하라주쿠 매장의 지하 1층에는 240대의 디스플레이가 한쪽 벽 면을 가득 채우고 있습니다. 디스플레이에는 다양한 스타일로 옷을 입은 사람들의 사진이 흐르고 있죠. 이 사진들은 스타일 힌트 앱과 연동되어 있습니다. 앱에서 마음에 드는 스타일을 클릭하는 것과 마찬가지로 오프라인 매장에서도 마음에 드는 스타일이 표시되는 디스플레이를 손으로 터치하면 제품에 관한 설명, 매장 내 재고 유무, 매장 내 위치를 알려줍니다. 즉 유니클로 하라주쿠는 스타일 힌트 앱을 '리얼' 매장에 구현해놓은 것이죠. 오프라인 매장 내에 온라인 콘텐츠를 활용해 유니클로의 옷을 어떻게 코디하면 좋을지 힌트를 전해주는 것입니다.

약 20개의 브랜드를 운영하는 일본의 의류 대기업인 온워드 홀딩스(Onward Holdings)는 고객들이 온라인 몰에서 제품을 구입하지 않는 이유에 관해 고객 조사를 시행했습니다. 응답자 중 42.2%가 '실물을 보고 구입하고 싶다', 37.0%가 '시착 후 구입하고 싶다'라고 응답했고, 약 80%의 고객이 '실물을 보지 않고 구입하는 것에 대한 불안감'을 온라인 쇼핑을 주저하는 이유로 꼽았습니다.

이러한 조사 결과를 바탕으로 온워드 홀딩스는 시착이 가능한

상. 온워드 크로젯 스토어에는 다양한 브랜드의 인기 상품을 한곳에 모아놓았다.

하. 오른쪽 디지털 사이니지로 온라인 콘텐츠를 발신하고 있다.

매장의 장점에 더해 온라인의 장점을 융합한 새로운 스타일의 매장인 '온워드 크로젯 스토어(Onward Crosset Store)'를 2021년 4월에 열었습니다.

공간을 둘러보면 크게 2가지 특징이 보입니다. 첫째, 매장에는 온워드 홀딩스가 운영하는 다양한 브랜드별로 엄선한 상품들이 진열되어 있습니다. 고객 입장에서는 이곳저곳을 다닐 필요 없이 한 공간에서 온워드 홀딩스의 모든 의류를 둘러볼 수 있는 장점이 있습니다. 브랜드별로 진열된 의류는 현재 온라인에서 가장 많이 팔리는 제품들입니다. '온라인 몰 매출 톱(Top) 10' 제품을 오프라인 매장에서 살펴본다고 생각하면 됩니다.

두 번째 특징은 입구에 설치된 디지털 사이니지(digital signage)를 통해 온워드의 온라인 몰을 체크할 수 있다는 점입니다. 또한 매장 곳곳에는 QR코드가 설치되어 있어 고객은 자신의 스마트폰으로 QR코드를 읽어 온라인 몰을 방문할 수 있습니다. 즉 오프라인 매장에 들러서도 온라인의 콘텐츠를 활용하는 것입니다. 예를 들어 마음에 드는 상품이 있으면 QR코드를 읽어 온라인 몰에 접속해 어떻게 코디하고 있는지 아이디어를 얻을 수 있는 것이죠.

이 외에도 오프라인 채널의 장점을 살린 다양한 서비스를 제공하고 있습니다. 대표적으로 온라인에서 주문한 상품을 시착해보고 구입 가능한 '클릭 & 트라이'입니다. 고객이 상품을 구매할 경우 여태까지는 매장을 방문하거나 혹은 온라인 몰에서 입어보지 않고 구매하는 2가지 선택지밖에 없었는데요. 클릭 & 트라이는 온라인에서 상품을 요청하고 매장에서 착용 후 구매를 결정하는 서비스입니다. 실제로 2021년 3~7월 온워드 크로젯 스토어에서 발생한 매출 중 약 절반이 클릭 & 트라이, 즉 온라인에서 보고 옷을 신청한 후 입어보기 위해 매장을 방문한 고객에게서 발생할 정도로 이 서비스의 인기가 높았습니다. 시착하러 온 고객 중 87%가 구입하고 있어 높은 구매 전환율을 보이고 있습니다.

온라인 콘텐츠와
오프라인 접객이 융합하다

20~40대 여성을 타깃으로 하는 약 30개의 의류 브랜드를 운영하는 아다스트리아(ADASTRIA)는 '닷에스티 스토어(.ST Store)'라는 OMO형 매장을 2021년 5월 선보였습니다.

온워드 클로젯 스토어와 같은 점은 아다스트리아가 운영하는 다양한 브랜드가 전부 전시되어 있다는 점이고, 다른 점은 온워드보다 적극적으로 온라인 콘텐츠를 융합하고 있다는 점입니다. 온워드에는 디지털 사이니지가 1대 설치되어 있는 반면 아다스트리아의 매장 내에는 크기가 다양한 스크린과 대형 사이니지가 10대 이상 설치되어 있습니다. 일부 디지털 사이니지는 마치 커다란 스마

상. 아다스트리아의 매장 내 설치된 사이니지

하. 아다스트리아의 매장 내 사이니지를 통해 온라인 콘텐츠를 발신한다.

트폰처럼 고객이 화면을 직접 터치해 정보를 확인하는 것이 가능합니다.

이러한 사이니지를 통해 어떤 서비스가 가능할까요? 오랜 기간 스타일링을 담당해온 직원들이 제안하는 코디를 확인할 수 있습니다. 매장에서 마치 잡지를 보는 것과 같이 화면을 넘기면서 최신 트렌드는 무엇인지, 다른 사람들은 어떻게 스타일링을 하고 있는지 살펴볼 수 있습니다. 그뿐만 아니라 온라인 몰의 판매 랭킹 아이템을 화면에서 확인할 수 있으며, 순위가 높은 상품은 바로 앞 선반에 늘어놓아 실물을 확인하는 것도 가능합니다.

무엇보다도 아다스트리아가 OMO 매장에서 강조하는 부분은 매장 스태프와 고객의 커뮤니케이션을 통한 고객 체험의 향상입니다. OMO형 매장에서 일하는 스태프는 여러 브랜드를 경험한 직원과 매니저 중에서 특별히 선발된 정예 멤버라고 합니다.

실제로 제가 방문했을 때도 마음에 드는 치마가 있어 시착을 요청하자 직원이 치마를 건네주면서 어떤 옷과 코디하고 싶은지, 어떤 색상의 옷을 주로 입는지를 물어보면서 자연스럽게 대화를 유도했습니다. 직원은 저의 대답을 듣고 아다스트리아가 운영하는 다른 브랜드의 상의를 추천해주었는데요. 제가 가끔 옷을 사는 브랜드여서 조금 놀랐습니다. 오랜 기간 매장에서 고객을 응대한 눈썰미가 좋은 직원 같았습니다. 치마를 입어본 후에도 직원은 어떻게 스타일링하면 좋은지 몇 가지 팁을 알려주는 등 적극적인 모습을 보였습니다.

이렇게 아다스트리아는 오프라인에서만 경험할 수 있는 직원과 고객과의 커뮤니케이션을 OMO 매장의 핵심 가치로 내세우고 있습니다. 아다스트리아 집행임원 마케팅본부장은 "(상품을 본 뒤 온라인에서 구매하는) 쇼루밍과는 다릅니다. 도리어 그 반대죠. 리얼 매장에 방문하고 거기서 직원과 대화하는 정서적인 가치를 중심에 두고 만들어 갑니다."라며 자사의 OMO 매장을 소개합니다.

아다스트리아가 OMO 전략에 힘을 쏟는 또 다른 이유는 온라인 몰과 오프라인 매장을 연동해 고객 한 사람 한 사람에게 맞춤화된 경험을 제공하기 위함입니다. 여태까지 아다스트리아는 자사의 온라인 몰 회원 1,200만여 명의 고객 정보를 분석해 각 회원의 데이터를 파악해왔습니다. 이에 더해 온라인 쇼핑과 오프라인 쇼핑이 연동되도록 서비스를 설계해 개개인에게 어울릴 만한 제품을 추천함으로써 고객 만족도를 높일 수 있다고 생각한 것입니다.

이를 위해 OMO 매장을 들어서면 우선 직원이 스마트폰의 앱을 매장의 단말기에 터치해 방문 인증을 유도합니다. 방문을 인증하면 현금처럼 쓸 수 있는 포인트를 주기에 저도 인증을 했습니다. 아다스트리아는 이를 통해 어떤 회원이 어떤 매장을 찾았는지, 회원이 오프라인에서는 어떤 상품을 구입했는지, 온라인에서는 어떤 상품을 구입했는지 파악이 가능합니다. 실제로 이틀 후 저는 아다스트리아로부터 구입한 제품을 어떻게 코디하면 좋을지, 어떻게 스타일

링해서 입고 있는지 확인하는 메시지를 받았는데요. 오프라인에서 구입한 이력이 온라인과 연계되어 잘 관리되고 있는 듯한 인상을 받았습니다.

대량의 재고를 안고 제품을 파는 비즈니스는 한계에 봉착했습니다. 디지털 기술을 활용하면 재고를 많이 가지고 있지 않아도 고객이 불편 없이 쇼핑을 즐길 수 있는 구조를 만들 수 있습니다. 매장은 이제 재고를 가지지 않는 쇼룸이 되고 있습니다.

거울과 옷걸이로
고객의 행동을 이해하다

의류 업계에서 디지털 기술을 사용하는 것은 단지 온라인상의 콘텐츠를 발신하기 위함만은 아닙니다. 앞에서 살펴본 베타에서 소비자의 행동을 분석하는 것과 비슷하게 최근 의류 매장 내에서도 소비자의 행동을 파악하려는 움직임이 시도되고 있습니다. 그것도 우리가 흔하게 볼 수 있는 의외의 물건을 통해서요. 바로 의류 매장에서 없어서는 안 될 거울과 옷걸이입니다.

셀렉트 의류숍인 디토나 인터내셔널(DAYTONA INTERNATIONAL)은 2022년 3월, AI 카메라를 탑재한 거울형 사이니지인 '플러스 미러'를 나고야의 파르코 백화점에 도입했습니다. 거울에 자기 모습을 비추면 AI 카메라가 방문객의 옷을 식별하고 추천하는 코디를 표시합니다. 거울에는 퍼스널 컬러와 패션 유형을 진단하는 기능도 탑재되어 있어 인터넷 쇼핑몰에서는 맛볼 수 없는 체험을 할 수 있습니다.

우리가 흔하게 보는 옷걸이를 고객 행동을 분석하는 도구로 활용하는 곳도 있습니다. 잠시 옷가게에서 쇼핑하는 모습을 상상해보죠. 옷걸이에 걸린 옷들을 차례로 살펴보다가 마음에 드는 옷을 발견하면 여러분은 어떤 행동을 하시나요? 많은 분이 옷걸이를 집어 올린 후 옷의 길이는 어느 정도인지 확인하기 위해 몸에 대보거나 색상이 자신의 얼굴과 어울리는지 확인하기 위해 거울에 비춰보죠. 그리고 괜찮은 것 같다는 생각이 들면 시착을 합니다.

일본의 의류 기업인 TSI 홀딩스는 매장의 옷걸이에 센서를 달아 고객의 행동을 데이터화하는 실험을 시작했습니다. 매장의 옷걸이에 달린 센서를 통해 고객이 어떤 옷을 집어 들었는지 혹은 어떤 옷을 시착했는지 데이터를 수집하는 것입니다. 조금 더 구체적으로 알아보겠습니다.

TSI 홀딩스가 운영하는 대표적인 의류 브랜드 '나노 유니버스(nano·universe)'는 라조나 가와사키 매장의 옷걸이에 가속도 센서와 블루투스 비콘(전파 수·발신기)를 장착했습니다. 거울과 탈의실에도 비콘을 설치했고요. 고객은 매장을 들어설 때 스마트폰의 앱을 열어 입구에 설치된 기계에 스마트폰을 터치합니다. 이 순간 나노 유

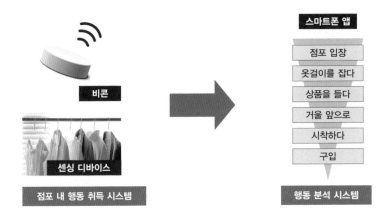

나노 유니버스는 옷걸이에 센서를 달아 고객의 행동을 이해한다.

©TSI 홀딩스

니버스 매장은 고객을 식별하게 된 것입니다.

고객은 쇼핑을 시작합니다. 마음에 드는 옷을 발견해 손에 들면 옷걸이에 설치된 가속도 센서가 이를 감지해 비콘에 발신합니다. 그러면 고객 스마트폰의 블루투스가 비콘의 전파를 수신해 고객이 상품을 손에 들었다는 것을 판별합니다. 옷을 매장 내 거울이나 탈의실로 가지고 가면 가까이 있는 비콘이 다시 신호를 보내 옷걸이의 센서와 고객의 스마트폰이 수신해, 거울 앞에서 옷을 대본 것이나 실제로 입어본 것과 같은 행위를 판별합니다.

고객이 실제로 옷을 입어보면 단지 손에 들고 거울에 비춰보기만 한 옷보다는 관심도가 높았던 옷이라고 추정합니다. 관심을 보였거나 시착을 해봤으나 구입하지 않은 상품은 향후 이메일 매거진을 발송할 때 상품의 이미지를 보여줌으로써 온라인 사이트나 매장으로의 재방문을 촉진하죠.

온라인에서는 고객이 어떤 상품을 열람했고 어떤 상품을 장바구니에 넣었는지와 같은 소비자 행동을 파악하는 마케팅이 침투된지 오래입니다. 반면 오프라인 매장에서는 고객의 행동 분석이 과제가 되고 있습니다. 카메라로 동선을 분석하는 기술도 있지만 나노 유니버스는 손에 들었거나 시착한 제품의 데이터를 취득함으로써 고객의 관심도를 세밀하게 분석하는 것이 가능하다고 보고 있습니다.

온라인과 오프라인을 융합하는 고객 경험을 설계하는 데 정답은 없을 것입니다. 하지만 이들 사례를 통해 공통된 몇 가지 사항을 발견할 수 있었습니다.

첫째, 온라인과 오프라인을 융합한 매장을 운영할 때 중요한 점은 자사에서 보유한 모든 판매 채널에서의 상품과 고객 데이터를 통합해 관리해야 한다는 점입니다. 요즘 소비자들은 상품을 구매하기 전, 상품 구입 시, 구매 후에도 온라인과 오프라인을 왔다 갔다 하죠. 이러한 고객 행동을 온·오프라인을 넘나들며 파악하는 것이 필요합니다.

그리고 이를 위해 디지털 사이니지, QR코드, 그리고 비콘과 같은 기술을 잘 활용합니다. 나노 유니버스가 선보인 온·오프라인 융합 매장에서는 고객이 매장에 입장할 때 QR코드를 통해 회원 인증을 하도록 합니다. 그러면 방문객에 맞추어 퍼스널라이즈된 콘텐츠를 전달하죠. 예를 들면 온라인 쇼핑몰에서 마음에 들어 '좋아요'를 눌렀던 상품 중 매장에 재고가 있는 상품을 알려줍니다. 또한 과거에 온라인에서 열람했거나 구입했던 상품의 데이터를 바탕으로 옷을 추천해주기도 합니다.

마지막으로 데이터의 통합에 더해 오프라인에서만 경험할 수 있는 서비스를 통해 고객들이 오프라인 매장을 방문할 동기를 제공하는 것도 중요합니다. 이러한 측면에서 고객이 원하는 제품을 제안하는 능력을 가진 스태프의 역할이 중요할 것입니다.

'구입하는 순간'을
포착하다

의류뿐만이 아닙니다. 최근 슈퍼마켓에서도 디지털 기술을 활용해 고객 경험을 개선하려는 시도들이 늘고 있죠. 아마존의 대시 카트는 계산대에 줄을 설 필요 없이 카트에 상품을 담으면 자동으로 결제해주는 솔루션입니다. 고객이 대시 카트에 상품을 넣으면 센서 등의 기술이 상품을 식별하고, 사용자의 아마존 계정과 연동된 신용카드를 통해 자동으로 결제되도록 해서 편의성을 개선했습니다.

일본의 한 슈퍼마켓인 '슈퍼센터 트라이얼 아이랜드 시티점'에서도 카트에 결제 기능이 달린, 아마존의 대시 카트와 비슷한 스마트 쇼핑 카트를 준비 중입니다. 이곳은 스마트 쇼핑 카트에 달린 액정 화면을 마케팅에 활용하고자 합니다.

예를 들어보겠습니다. 한 고객이 페트병에 담긴 향이 좋은 아이스 커피를 골라 카트에 담자, 카트에 달린 액정 화면에서 레드 와인을 추천합니다. 커피와 와인은 장르가 다르고 언뜻 생각하기에는 연관이 없어 보이는 제품이죠. 하지만 두 상품은 '풍부한 향기'라는 공통점을 가지고 있습니다. 소비자가 카트에 특정 상품을 스캔하고 담으면 그것과 비슷한 특징을 가진 상품을 추천해주며 상품이 위치한 장소나 가격을 표시합니다.

많은 경우 고객의 과거 구매 이력을 바탕으로 제품을 추천하거나 비슷한 상품을 보여줍니다. 하지만 이곳은 자체적으로 만든 세그먼트로 상품을 분류해 추천하는 것이 가장 큰 특징입니다. 등록된 슈퍼마켓 내 상품의 설명문을 AI가 자연어 처리 기술을 이용해 '소재 중시 상품' '건강 상품' '영양 상품' '향기가 풍부한 상품'과 같은 소비자가 중시하는 포인트 혹은 가치관을 기준으로 자체 분류하고 있습니다. '매운맛' 혹은 '진한맛'이라는 특징을 가진 과자를 카트에 스캔해 담으면 컵라면의 매운맛을 추천해주는 식입니다.

이렇게 특징이 공통되는 상품을 조합해 추천한 경우와 그렇지 않은 경우를 비교하니, 특징이 공통되는 상품을 조합해 추천했을 때 구매액이 2배가 된 경우도 있었다고 합니다. POS 데이터 등을 이용한 구입 이력에 근거한 제안이 아닌 소비자의 '라이프 스타일'

이라는 새로운 기준으로 상품을 추천하기에 다른 카테고리의 제품이나 신상품을 추천하는 것이 가능하게 됩니다.

앞으로 리테일러들은 오프라인 매장 내에 다양한 기술을 융합할 것입니다. 이는 쇼핑의 편의성을 높일 뿐만 아니라 방문객의 취향과 행동을 분석하고 개개인에게 적합한 상품을 추천해주는 큐레이션 기능으로까지 확장될 것입니다. 소비자는 새로운 상품을 만나는 계기를 갖고 오프라인 매장에서의 쇼핑 그 자체를 즐기게 될 것 같습니다.

5장

방문의 이유를 만듭니다

무인양품이 식품 분야를 강화하는 이유는
식품이 고객의 방문 빈도를 높이기 좋은 아이템이기 때문입니다.
생활용품만 판매할 때 고객의 방문 빈도는 월 1~2회였으나
식품을 강화한 매장의 방문 빈도는 주 2~3회로 크게 상승했습니다.

〔장식 아이콘〕

    1장부터 4장에서는 백화점과 같은 유통업체, 의류 및 화장품 브랜드들이 어떻게 오프라인 매장에 변화를 주고 있는지를 살펴보았는데요. 일본의 소매 유통과 오프라인 매장을 이야기할 때 빠질 수 없는 브랜드가 있습니다. 바로 한국에도 잘 알려진 무인양품(無印良品, MUJI)입니다. 무인양품은 잡화, 의류를 시작으로 최근에는 식품까지 우리의 라이프 스타일을 지지하는 다양한 제품을 판매합니다.

    일본 국내에만 497개의 매장을 운영하며 일상에 깊숙이 침투한 무인양품은 오프라인 매장이 사업의 축이 되는 비즈니스입니다. 제품력, 디자인력, 브랜드 철학에 공감하며 무인양품을 지지하는 두터운 팬층을 보유하고 있죠. 하지만 팬이 많다고 아무것도 하지 않아도 된다는 이야기는 아닙니다.

    비즈니스 환경과 소비자가 급변하는 시대, 특히 오프라인 매장의 집객력이 떨어지는 지금, 무인양품도 지난 몇 년간 다양한 시도를 하고 있습니다. 일본을 대표하는 라이프 스타일 브랜드인 무인양품이 만들어 가는 매장을 살펴보면 코로나19 시대에도 고객이 끊이지 않는 무인양품의 비밀을 이해할 수 있을 것입니다.

식(食)을 통해
방문을 촉진하다

오프라인보다 더 저렴한 데다 문 앞까지 배달해주는 온라인 몰에서 물건을 구매하는 소비자들이 늘자 오프라인 유통은 '어떻게 하면 물건을 더 많이 팔까?'가 아니라 그 전 단계인 '어떻게 하면 고객들을 매장으로 불러들일 수 있을까?'를 고민하기 시작합니다. 최근 일본의 브랜드들은 '식품'에서 그 답을 찾은 듯합니다.

문구 용품 전문점인 로프트(Loft) 긴자점은 1층에 '로프트 푸드 랩(Loft Food Lab)'이라는 공간을 만들고 커피, 아이스크림 등의 디저트를 팔고 있습니다. 문구나 생활용품을 구입할 필요가 없는 고객이라도 편하게 들러 쉬어갈 수 있죠.

가구, 생활 소품, 의류 등의 제품을 중심으로 사업을 운영하던 무인양품은 2018년 매장의 반 이상을 식품으로 채운, 마치 슈퍼마켓 같은 매장을 선보였습니다. 이후 식품류는 무인양품의 새로운 매장에 빠지지 않고 들어가는 핵심 아이템이 되고 있습니다.

'식품'이 중심이 되는 매장을 선보이다

무인양품은 식품을 테마로 한 매장을 처음으로 선보인 이후, 식품 분야를 강화한 매장을 꾸준히 확대 중입니다. 생활용품이 아닌 식품을 주요 테마로 한 첫 매장은 2018년 3월 오사카 근교의 사카이시에 선보였습니다.

무인양품은 이전에도 레토르트 카레, 스낵 등 식품을 일부 취급하기는 했지만 신선식품이 아닌 가공식품이 대부분이었습니다. 하지만 식품을 테마로 한 무인양품의 첫 번째 매장은 마치 고급 슈퍼마켓과 비슷한 느낌입니다. 신선식품, 카페, 베이커리, 유기농 채소, 생선과 정육까지 판매하며, 매장의 50%가 식품으로 채워져 있습니다. 특히 생선, 정육, 과일과 같은 신선식품의 약 30%는 당일 아침에 수확해 무인양품으로 직송되며, 대부분이 농약을 사용하지 않은 유기농입니다.

이렇듯 무인양품이 식품 분야를 강화하는 이유는 식품이 고객의 방문 빈도를 높이기 좋은 아이템이기 때문입니다. 식품을 테마로 한 매장을 기획할 당시 무인양품의 고민은 고객의 방문 빈도가 낮다는 점이었습니다. 생활용품만 판매할 때 고객의 방문 빈도는 월 1~2회였으나 식품을 강화한 사카이 매장의 방문 빈도는 주 2~3회로 크게 상승했습니다. 고객의 잦은 방문은 자연스럽게 다른 카테고리 상품의 매출 증가로도 이어졌습니다.

오사카 사카이시의 무인양품 매장

긴자 플래그십 매장의 1층은 식품으로 채워져 있다.

또한 식재료는 '안심' '품질에 대한 집착'이라는 무인양품의 브랜드 이미지에도 어울리는 영역입니다. 특히 먹거리에 대한 관심이 높아지는 요즘 생활잡화는 낮은 가격의 제품을 구매하더라도 식재료는 고급을 지향하는 소비자들이 늘고 있습니다. 소비자들은 다소 가격이 높더라도 안심하고 먹을 수 있는 질 좋은 식재료에 지갑을 엽니다. 무인양품은 좋은 식재료를 제공함으로써 브랜드 이미지를 강화함과 동시에 이익률도 높일 수 있습니다. 게다가 라이프 스타일을 제안하는 비전을 실현하기 위해서도 식품은 빠질 수 없는 영역일 것입니다.

2018년 이후 식품은 무인양품이 선보인 대형 매장에 빠지지 않는 테마가 됩니다. 아니 도리어 새로운 매장을 선보일 때마다 진화된 모습을 보여주고 있습니다.

2019년 4월에 문을 연 긴자의 플래그십 매장은 일본 최초로 선보인 무지 호텔(Muji Hotel)로 화제가 되었습니다. 하지만 이곳에서도 음식은 중요한 테마가 되고 있습니다. 채소와 신선식품을 파는 것을 넘어 매일 메뉴가 바뀌는 도시락, 베이커리, 주스, 다양한 종류의 차까지 주변 직장인과 주민들에게 질 좋은 식품을 제공합니다.

식품을 판매하는 것뿐만 아니라 본격적인 레스토랑인 무지 다이너(Muji Diner)까지 마련하고 있는데요. 무인양품은 이전에도 일부 매장에 식사를 할 수 있는 '카페 앤 밀(Cafe & Meal)'을 운영해왔습니다. 카페 앤 밀이 카페테리아 같은 느낌이 강하다면 긴자의 무지 다이너는 본격적인 레스토랑에 가깝습니다.

이렇게 식품을 팔고 레스토랑을 운영하자 긴자 주변에 사는 주민들이 식품을 구입하기 위해 무인양품을 방문하기 시작합니다. 긴자에서 약속이 있는 사람들도 긴자 매장에 들러 식사를 하며 담소를 나눕니다. 일상에서 무인양품으로 향하는 발걸음이 잦아지게 된 것입니다.

고급 슈퍼마켓과 협업하다

2021년 5월, 무인양품은 식품을 전문적으로 취급하는 매장을 도쿄에서 한 시간 거리에 있는 위성도시인 요코하마에 열었습니다. 요코하마 코난다이 버즈 매장의 가장 큰 특징은 고급 슈퍼마켓인 '퀸즈 이세탄'과 지역의 수산 도매점인 '나카지마 수산'과 공동으로 운영하는 것입니다. 오사카나 교토의 대형 식품 전문 무인양품에 현지에서 유명한 반찬 가게 등을 세입자로 들이는 예는 있었지만, 이번처럼 본격적으로 슈퍼마켓 체인과 공동으로 식품 매장을 운영하는 것은 첫 시도입니다.

코난다이 버즈 매장에서는 무인양품 자사 브랜드 식품만이 아니라 일반 브랜드의 식품들도 팔고 있습니다. 무인양품은 이 부분에서 퀸즈 이세탄의 역량을 빌리고 있습니다. 퀸즈 이세탄은 이세탄 백화점이 운영하는 고급 슈퍼마켓으로, 품질이 좋은 식품에 대한 큐레이션 역량이 뛰어나다는 점으로 유명합니다.

코난다이 버즈 매장은 이세탄과 협업해 고급 식품을 큐레이션
한다.

©정희선

실제로 두부 판매 코너를 예로 들어보자면, 일반 슈퍼에서는 대중적이고 저렴한 두부가 판매되고 있는 반면 코난다이 버즈 매장에서는 일본에서 유명한 두부 생산자들이 만든 조금 비싼 가격의 두부들이 진열되어 있습니다. 두부뿐만 아니라 과일, 치즈 등 많은 품목에서 대중적인 브랜드에 더해 다른 슈퍼에서는 쉽게 찾아볼 수 없는 고품질의 제품들이 진열되어 있습니다.

무인양품은 직접 슈퍼마켓을 운영한 경험이 적어 제품을 선별하고 진열하는 노하우가 부족합니다. 특히 슈퍼마켓처럼 판매하는 품목이 수천 개가 넘는 경우 모든 상품을 무인양품이 직접 선별하기 힘듭니다. 이를 파트너십을 통해 극복한 것입니다. 또한 퀸즈 이세탄과의 파트너십을 매장 곳곳에 드러내고 있어 고객들도 퀸즈 이세탄의 큐레이션 역량을 믿고 구매하게 됩니다.

코난다이 버즈의 점장은 닛케이와의 인터뷰에서 다음과 같이 전합니다.

"퀸즈 이세탄은 단지 세입자로서 출점하는 것이 아니라, 우리와 함께 고객을 위해 무엇을 할 수 있을까를 생각합니다."

이렇듯 무인양품은 자사가 만드는 가공식품뿐만 아니라 고급 슈퍼마켓의 식품을 큐레이션하는 힘을 빌리고 지역 수산업자와 협업해 질 좋은 식품을 제공합니다.

코난다이 버즈 매장의 또 하나의 특징은 무인양품 최초로 '키친 카운터'를 설치해 생산자와 소비자가 만나는 접점을 만들었다는 점입니다. 지하에 있는 식품 매장을 가기 위해 에스컬레이터를 타면 눈앞에 약 50m 정도 길이의 카운터가 나타납니다. 이곳은 인근 지역에서 채소, 과일 등을 공급하는 생산

키친 카운터에서 진행되는 요리 라이브
ⓒ정희선

자들과 지역 주민들이 교류하는 장으로 활용됩니다.

제가 방문한 날도 요리 라이브가 진행되고 있었는데, 식재료를 제공하는 농부의 이름과 전신사진을 전면에 내세우며 홍보하는 점이 인상적이었습니다. 물론 조리 과정은 매장뿐만 아니라 무인양품의 공식 앱이나 SNS를 통해서도 전달되고 있었습니다.

이러한 생산자와의 교류를 통해 소비자들은 무인양품이 판매하는 식자재에 대해 신뢰하게 됩니다. 또한 소비자들이 식품 구매를 넘어 새로운 경험할 수 있다는 점에서 다른 매장들과 차별화가 됩니다.

2021년 8월, 무인양품은 중장기 전략을 발표했습니다. 매출을

5장 방문의 이유를 만듭니다

2030년까지 2021년 매출의 6배인 약 3조 엔(약 30조 원)으로 올리기 위해 국내외 포함 2,500개의 매장을 만들고, 현재 약 250평인 평균 매장 면적을 2025년까지 300평, 2025년까지 550평으로 확대하겠다고 발표했습니다.

매장의 대형화와 함께 눈에 띄는 실행 전략 중 하나는 앞으로 매장을 인기 슈퍼마켓 옆에 출점하겠다고 발표한 점입니다. 대놓고 집객력이 높은 슈퍼마켓 옆에 매장을 내겠다고 선언한 것입니다.

무인양품이 식품 영역에 힘을 쏟고는 있지만 현존하는 매장을 전부 다 식품형 매장으로 만들기에는 너무 많은 리소스가 들 것입니다. 따라서 식품을 제공하지 못하는 매장은 아예 슈퍼마켓 옆에 위치함으로써 소비자가 슈퍼마켓과 무인양품을 함께 방문해 생활 전반에 필요한 제품을 모두 구입하는 것이 가능하도록 하겠다는 전략입니다.

무인양품에 필요한 잡화를 구입하러 온 고객은 자연스럽게 슈퍼마켓을 들리게 되고, 반대로 슈퍼마켓에 장을 보러 온 고객은 무인양품도 들르도록 만드는 것입니다. 슈퍼마켓도 무인양품도 서로의 집객력을 활용하는 윈윈 전략이죠.

식품은 이미 많은 유통에서 모객을 위한 미끼상품으로 쓰이고 있습니다. 최근 일본의 드러그 스토어들도 식품류를 강화하고 있습니다. 게다가 슈퍼마켓보다 더 싼 가격으로요. 드러그 스토어는 마진율이 높은 화장품이나 의약품에서 수익을 취하고 대신 저렴한 가격에 식품 아이템을 제공함으로써 고객의 방문을 유도합니다.

최근 한국의 더현대 서울, 롯데백화점 동탄점 등 대형 쇼핑몰도 식품 매장의 비중이 높았습니다. 옷, 잡화, 인테리어 소품 등은 매일 사는 것이 아니지만, 우리는 하루에 세 번 아니 더 자주 무언가를 먹고 마시니까요. 식품 분야 확대는 이제 무인양품에게 없어서는 안 되는 핵심 전략이 되고 있습니다.

무인양품,
지역의 인프라가 되다

무인양품이 식품에 이어 힘을 쏟는 전략 중 하나는 '지역 재생' 그리고 '로컬라이제이션'입니다. 이는 무인양품 회장의 인터뷰에서 종종 언급되고 있습니다.

> "앞으로는 지역의 사람들이 건강한 경제활동에 참여하고 풍부한 문화를 함께 키워 인간적으로 따뜻한 사회를 함께 만들어가는 시대입니다. 그 중심에 무인양품이 있으면 좋겠습니다."

2021년 8월 중장기 경영계획을 발표하는 자리에서도 다음과 같이 말했습니다.

"사회에 유익한 기업이 된다는 이념을 바탕으로, 생활에 없어서는 안될 기본 상품과 서비스를 저렴한 가격으로 제공하며, 매장이 지역사회의 커뮤니티 센터가 되어 주민과 함께 지역사회의 과제를 해결하는 것을 기업의 사명으로 삼을 것입니다."

무인양품은 단순한 유통업체를 넘어 지역의 인프라가 되어 지역 주민이 방문하는 이유를 만들고 있습니다. 대표적인 곳은 일본 니가타현의 나오에츠 매장입니다.

나오에츠 매장은 무인양품의 전 세계 매장 중에서 가장 큰 규모입니다. 대부분의 경우 세계 최대 규모의 매장은 도쿄, 상하이, 뉴욕 같은 대도시에 들어섭니다. 하지만 무인양품 최대 규모의 매장이 들어선 곳은 대도시가 아닌 일본 니가타현의 인구가 감소하는 지방 도시인 조에츠시였습니다. 그것도 지방 쇼핑몰이 폐점한 자리에 들어섰죠.

나오에츠점이 자리 잡은 조에츠시는 일본의 지방 도시들이 안고 있는 인구 감소라는 문제에 직면한 곳입니다. 무인양품이 들어선 자리에는 원래 나오에츠 쇼핑센터가 있었습니다. 하지만 쇼핑센터 내의 대형 슈퍼마켓은 폐점하고, 쇼핑센터의 반 이상이 공실로 남아 있었습니다.

인구가 점점 감소하고 활력이 없어지는 지방 도시에 사는 사람들에게는 유일한 쇼핑몰이 없어진다는 것은 매우 심각한 일입니다.

무인양품 나오에츠 매장 전경

©무인양품

무인양품 나오에츠 매장 내 위치한 스타벅스와 '무지 서점'

©무인양품

생활의 인프라가 없어지는 것이니까요. 무인양품은 활기를 잃어가는 조에츠시에 들어서면서 '지역 주민의 일상 가운데 함께한다'라는 모토를 내세웁니다. 즉 무인양품이 지역의 인프라 역할까지 자처하고 나선 것입니다.

이를 위해 무인양품은 다른 매장에서는 볼 수 없는 새로운 제품들과 서비스를 제공합니다. 나오에츠 매장의 점장은 실제로 오픈 1년 전부터 조에츠시에 이주해 지역의 니즈와 문제점을 듣고 매장의 구성에 반영했다고 합니다.

우선 다양한 커피 원두와 세계 각지의 식재료를 판매하는 식음료 편집숍 두 군데를 유치했고, 무인양품 최초로 스타벅스가 입점했습니다. 쇼핑몰이 사라지면서 서점이 없어지는 것을 우려한 지역 주민들의 의견을 반영해 약 3만 5천 권의 장서를 보유한 무지 서점

무인양품 나오에츠 매장 내에 설치된 지역 주민들을 위한 공간인 '오픈 무지'

©정희선

(MUJI books)을 매장 내에 마련했습니다. 주민들이 모임 장소로 활용하거나 쉬거나 일할 수 있는 오픈 무지(Open MUJI)라는 공간도 제공합니다.

　그뿐만 아니라 2021년 7월에는 나오에츠 매장 내에 약국까지 만들었습니다. 무인양품이 약국을 열었다는 사실에 처음엔 의아해했으나 무인양품 홈페이지의 소개 글을 읽어보면 저절로 고개가 끄덕여집니다.

"무인양품은 사람과 사람, 사람과 자연, 사람과 사회를 연결하는 플랫폼이 되고 싶습니다. 고령화와 코로나19에 의해 건강에 대한 관심과 불안이 커지고 있습니다. 건강한 생활에 도움이 되기 위해 일상의 생활 습관이나 환경을 정비하는 계기를 만들고 자신의 건강 상태를 확인할 수

있는 장소를 목표로 하는 '마을의 보건소(まちの保健室)'를 시작합니다."

2021년 7월, 무인양품이 나오에츠 매장 내 선보인 약국은 단지 약을 처방받는 곳이 아닙니다. 자신의 현재 건강 상태를 정확히 아는 것에서 시작해 건강을 유지하고, 병을 예방하고, 약이 필요할 때는 약까지 제공하는, 즉 건강에 관한 정보와 상품 및 서비스를 원스톱(one stop)으로 제공하는 곳입니다.

무인양품은 누구나 마을의 보건소에 부담 없이 들러서 자신의 상태를 체크하고, 궁금한 점은 간호사 자격을 가진 직원에게 묻고 이야기하는 장소로 만들었습니다. 궁극적으로는 소비자의 건강한 생활을 돕는 것을 목표로 합니다. 이를 위해 일본 유명 헬스케어 제품 제조사인 타니타(Tanita)의 기계들을 설치해 주민들이 언제든 건강 상태를 체크할 수 있도록 합니다. 설치된 기계들은 의료현장에서 사용하는 고사양의 제품들로 신장, 혈압, 체질량 지수 등의 건강 상태를 측정합니다.

또한 기계를 통한 계측뿐만 아니라 상주하는 직원에게 건강에 관해 상담할 수 있습니다. 마을의 보건소 직원은 고객과의 상담을 바탕으로 건강을 유지하거나 병을 예방하는 상품을 추천합니다. 예를 들면 건강식, 영양제뿐만 아니라 수면의 질을 높이는 침구나 아로마, 운동에 적합한 운동복이나 신발, 위생용품 등 고객에게 가장 필요하다고 생각되는 상품을 제안합니다.

마을의 보건소는 조제 전문 약국 쿠오루 홀딩스와 파트너십을 체결해 조제약을 판매합니다. 쿠오루 홀딩스 약국은 고객의 대부분이 60세 이상인 곳이라 젊은 세대와의 접점을 만드는 것이 과제였습니다. 반면 무인양품은 40~60세 여성 고객이 많아 파트너십을 진행함으로써 서로의 고객층이 확대되는 효과를 노릴 수 있습니다.

또한 일본에서는 한방약을 취급하는 곳을 보기가 쉽지 않은데, 이곳에서는 일반의약품, 처방전 약뿐만 아니라 한방약까지 취급하고 한방약을 달여 주기도 합니다. 이에 더해 건강 체조 강좌, 한방 강좌, 영양 관리사 세미나 등을 일정 주기로 개최하며 주민들의 건강한 라이프 스타일을 지원합니다.

무인양품은 의약품이 고객을 오프라인 매장로 불러들이는 계기가 될 것이라고 생각했습니다. 특히 일본처럼 고령화가 진행된 나라에서는 약국이 슈퍼마켓만큼이나 중요한 인프라이기 때문입니다. 이처럼 인구가 감소하면서 활력을 잃어가고 있는 나오에츠시에 무인양품은 없어서는 안 되는 인프라가 되고 있습니다. 그리고 이는 자연스럽게 집객으로도 이어집니다.

지역성을 강화한 매장은 지역 경제의 활성화로도 이어집니다. 앞서 소개한 오사카, 요코하마, 그리고 나오에츠 대형 매장 모두 지역의 농가로부터 농산물을 공급받고 있습니다. 예를 들어 요코하마 매장은 상품의 30% 정도를 요코하마가 위치한 가나가와현에서 가져온 상품들로 채웁니다. 지역에서 생산하고 그 지역에서 소비하는 '지산지소(地産地消)'를 목표로 하죠.

> "무인양품이 들어가면 지역의 식재료를 파는 분들과 함께 지역경제를 활성화시키고 싶습니다. 지역과 교류하는 매장을 만들어나가는 것이 앞으로의 무인양품의 출점 방식입니다."
>
> _무인양품 회장, 닛케이 인터뷰

이러한 지역 활성화와 관련된 시도들은 사회 공헌적인 측면을 강조하고 브랜드에 대한 이미지를 높이기는 하지만, 성과로 이어지지는 않을 수도 있습니다. 그러나 조에츠시의 한 언론 기사에 따르면, 나오에츠 매장의 매출은 2020년 8월 초 기준 무인양품의 플래그십 매장인 긴자점에 이어 전체 매장(해외 매장 포함) 중 2위를 차지했고, 9월 매출은 전체 매장 중 5위를 달성했다고 합니다.

소비 인구가 감소하는 지역에서도 고객의 목소리에 귀를 기울여 만든 매장은 얼마든지 매출 면에서도 경쟁력을 가질 수 있다는 점을 나오에츠 매장이 증명한 것입니다. 역으로 경쟁사들이 없어진 지방 경제권은 유통사에 있어 어쩌면 블루오션이 될 수도 있다는 생각이 듭니다.

지역 주민의 고민을 듣는
무인양품의 매장들

'무인양품' 하면 군더더기 없는 깔끔한 디자인의 생활용품이 가장 먼저 떠오릅니다. 하지만 무인양품이 집을 판매한다는 사실을 알고 있었나요? 무인양품은 2004년부터 미리 재단해둔 재료를 사용해 현장에서 건물을 짓는 '프리패브'라는 건축 방식으로 저렴하면서도 질 높은 주택을 제공하고 있었습니다.

주거는 라이프 스타일을 총체적으로 경험할 수 있는 공간입니다. 무인양품이 호텔을 만드는 이유도 이와 연결되어 있습니다. 무지 호텔에 머무는 동안 고객들은 무인양품의 철학을 이해하고 무인양품의 모든 제품을 경험해볼 수 있기 때문이죠. 무인양품 회장은 중국 선전에 2018년 1월 개관한 무지 호텔 1호점의 오픈을 앞두고 이렇게 말했습니다.

"무인양품의 모든 상품과 서비스가 있고 우리의 세계관을 구현하는 매장으로 선보일 것입니다."

무지 호텔이 24시간 혹은 48시간이라는 고객의 한정된 시간만을 점유하는 공간이라면 주거 공간은 고객의 365일을 점유하는 공

무인양품의 '양의 집'(www.muji.net/ie/younoie)

©무인양품

간입니다. 무인양품이 제안하는 주거 공간에 거주하는 고객은 누구보다 무인양품의 철학을 이해하고 브랜드의 팬이 될 가능성이 큽니다.

2020년 12월에 선보인 도쿄의 아리아케에 위치한 무인양품은 주거 영역을 강화한 대표적인 매장입니다. 아리아케 매장은 생활에 필요한 모든 것을 판매하는 백화점에 새로운 8가지 서비스를 더했다는 의미의 '백팔화점'이라는 콘셉트를 내세웁니다. 새로운 8가지 서비스 중 4가지는 모델하우스, 집의 리폼, 생활 상담소 등 주거 공간의 구성과 관련된 서비스입니다.

3층으로 이루어진 도쿄 아리아케 매장 중 가장 공을 들인 곳은 2층의 '주거'를 테마로 한 층입니다. '숟가락부터 집까지'를 키워드로 집 안에서 사용하는 소품부터 시작해 심지어 집까지 모두 구입할 수 있습니다.

실제로 아리아케 매장에는 무인양품의 '양의 집(陽の家)'을 전시해 판매하고 있는데요. 코로나19 확산 후 무인양품이 만드는 집에 대한 수요가 늘고 있다고 합니다. 출근하지 않아도 되는 라이프 스타일이 확산되면서 별장으로 '무인양품 오두막'을 구입하거나 도쿄에서 떨어진 지방 도시로 이주하면 무인양품의 집을 지을 수 있는 토지를 확보할 수 있기 때문입니다.

아리아케 매장은 집을 파는 것뿐만 아니라 집 내부의 리폼과 관련된 모든 수요에 대응합니다. 고객이 요청하면 고객의 집을 방문해 집 안의 정리, 수납, 어떻게 리폼하면 더 효율적인 공간 활용이 가능한지 등에 관해 상담해줍니다.

"이제 물건을 파는 것만으로는 소매업이 될 수 없다고 생각합니다. 이러한 생각에서 거주에 관한 서비스를 시작했습니다."

_무인양품 아리아케 점장, 닛케이 인터뷰

"단품으로 제품을 팔게 되면 그 사람의 취향이나 가치관에 맞는 라이프를 제대로 제안하지 못한다는 것을 이전부터 느꼈습니다. 고객이 24시간을 쾌적하게 보내기 위해서는 공간 관련 상품뿐만 아니라 서비스도 제공해야 한다는 결론에 도달했습니다."라는 점장의 말을 실현하기 위해 아리아케 점포는 무인양품 최초로 '생활에 관련된 무엇이든지 상담'이 가능한 카운터를 설치했습니다. 또한 불필요한 물건을 인수하거나 일시적으로 보관해주는 서비스까지 운영하고 있습니다.

아리아케 매장의 상담 카운터
©정희선

이러한 서비스들은 무인양품이 혼자서 생각한 것이 아닙니다. 1년 전부터 지역 주민들과 좌담회를 열고 지역에 사는 사람들이 실제로 느끼는 '생활의 고민'을 기초로 해서 새로운 서비스를 만들었습니다.

아리아케는 새롭게 개발되며 신축 맨션(한국의 아파트와 동일한 개념)이 다수 들어선 곳으로 젊은 부부들이 주로 많이 이주했습니다. 또한 한국과 비슷하게 일본도 집이라는 공간에 관한 관심이 높아지며 주거 공간을 자신의 취향에 맞게 꾸미고 싶어하는 니즈가 커지고 있습니다. 게다가 코로나19 팬데믹으로 인해 재택근무가 확산되면서 집 안을 리노베이션하거나 정리하려는 사람들이 많아지고 있습니다.

무인양품은 재택근무를 위해 집 안에 작은 오피스를 만들고 싶은 사람, 가족이 늘어나 방이 하나 더 필요한 사람, 결혼과 동시에 새로운 맨션으로 이사 오는 신혼부부 등 다양한 니즈의 주거 공간 만들기를 서포트합니다.

"코로나 확산으로 인해 재택근무가 퍼졌습니다. 무인양품에서는 파티션 판매나 리폼 서비스를 하고 있었지만, 그러한 서비스만으로는 고객의 니즈에 대응하지 못합니다. 집의 구조를 바꾸고 싶다거나, 방의 분위기를 바꾸고 싶다는 등 생활의 변화에 맞추어 생활공간을 바꾸고 싶다는 잠재적 니즈가 꽤 높은 것으로 확인되었습니다. 무인양품이 이러한 니즈에 맞추어 새로운 공간을 제안하고 싶습니다."

_무인양품 아리아케 점장, 닛케이 인터뷰

집에 관해서는 무엇이든 상담이 가능한 무인양품으로 오늘도 주민들은 발길을 옮기고 있습니다.

6장

사람이 모이는 공간을 만듭니다

'지방의 매장을 어떻게 활성화시킬 것인가?'라는
질문에 대한 답을 츠타야는 책이 아닌
'사람'에서 찾고 있습니다.
책을 파는 곳이 아니라 사람을 모으는 장소로
서점의 존재 이유를 바꾸어 활기를 불어넣고자 하는 것입니다.

◆ ◆ ◆

　일본의 오프라인 매장을 살펴볼 때 무인양품과 함께 꼭 둘러봐야 하는 곳이 한 군데 더 있습니다. 라이프 스타일을 판매하는 서점으로 유명한 츠타야(TSUTAYA)입니다.

　국내의 다양한 매체에 자주 등장한 츠타야는 라이프 스타일을 제안하는 서점으로 유명합니다. 『지적자본론』을 포함해 츠타야 서점을 기획한 마스다 무네아키의 철학을 소개하는 책들도 국내에 다수 소개되었죠. 마케팅이나 기획 업무를 하는 사람들은 도쿄에 가면 다이칸야마의 T-SITE(티 사이트)를 빠지지 않고 방문하는 등 츠타야 서점은 일본의 잇플레이스입니다.

　왜 많은 사람이 츠타야 서점에 관심을 가질까요? 츠타야 서점은 단순히 '책을 판매'하는 것이 아니라 '생활을 제안'하며 서점의 미래상을 제시하고 있다는 호평을 받고 있습니다.

　종이책 판매가 감소하고 있는 일본의 서적 시장에서 츠타야의 실적은 돋보입니다. 츠타야는 2020년 서적과 잡지 매출이 전년 대비 10% 증가한 1,426억 엔을 달성하며 과거 최고치를 경신합니다. 2021년의 서적과 잡지 매출은 1,376억 엔을 달성하며 2020년에 비해 살짝 줄기는 했지만 일본의 다른 서점들이 고전을 면치 못하는 것에 비해서는 눈에 띌 만한 실적입니다.

츠타야는 서점뿐만 아니라 DVD와 음반의 렌털 사업도 진행합니다. 일본 국내에 존재하는 츠타야 매장 중 약 800곳은 책을 판매하는 서점인 반면, 약 900곳은 DVD와 CD를 렌털해주는 매장입니다. 그러나 2017년에서 2018년에 걸쳐 렌털 사업에 주력하던 매장 약 70곳 정도가 문을 닫습니다. OTT 서비스의 보급으로 DVD 렌털의 실적이 부진한 것이 주원인입니다.

렌털 사업을 축소하는 동시에 츠타야는 책 판매에 주력, 즉 서점 비즈니스를 강화하기 시작합니다. 2020년에만 30곳 이상의 신규 매장을 열었는데, 새로운 매장은 출점 지역의 특성에 맞추어 테마를 정하고 매장을 구성합니다.

클릭 한 번으로 원하는 책을 언제든 받아볼 수 있는 지금, 대형 서점이 폐점하는 일도 많습니다. 하지만 츠타야는 도리어 오프라인 서점을 강화하는 전략을 선보입니다. 책을 읽는 사람들이 줄어들며 오프라인 서점이 문을 닫는 상황에서 츠타야는 어떠한 서점을 만들고 있을까요? 츠타야가 만들어가는 서점을 둘러보면 사람들을 모으는 방법에 대한 힌트를 얻을 수 있을 것입니다.

츠타야의 최근 동향을 이해하기 위해 먼저 츠타야 서점을 유명하게 만든 T-SITE를 돌아보겠습니다.

라이프 스타일을 제안하는
T-SITE

츠타야 서점을 유명하게 만든 곳은 도쿄의 다이칸야마에 있는 T-SITE입니다. 여기서 잠깐, 츠타야 서점은 무엇이고 T-SITE는 무엇이냐고 의아해하는 분들이 있을 것 같아요.

T-SITE는 츠타야 서점을 운영하는 컬처 컨비니언스 클럽(Culture Convenience Club, CCC)이 개발한 서점을 중심에 둔 복합 상업 시설입니다. T-SITE는 홈페이지에서 자사를 '츠타야 서점을 중심으로 한 생활 제안형 상업 시설'로 설명하고 있습니다.

츠타야 서점이 우리가 흔하게 만날 수 있는 평범한 서점이라고 한다면 T-SITE는 책뿐만 아니라 고객의 라이프 스타일을 제안하는 데 필요한 다양한 장르, 예를 들어 잡화점, 레스토랑, 식재료점 등을 입점시킵니다. 복합 상업 시설이라고 표현해도 될 만큼 의식주를 망라한 매장들이 입점해 있지만 그 중심에는 책이 자리 잡고 있습니다.

현재 일본 내 다섯 군데(다이칸야마, 쇼난, 카시와노하, 히라카타, 히로시마)에 T-SITE를 운영하고 있으며 해당 지역에 사는 사람들을 세밀하게 타깃으로 해 고객의 생활을 제안하는 공간을 만듭니다.

마스다 무네아키는 『지적자본론』에서 "서점은 책을 판매하는 장소에서 구입하는 장소로 전환되어야 하며 고객을 우선으로 생각하고 공간을 구성해야 한다."라고 전했는데요. 서점은 책의 판매 장소가 아닌 구입 장소라는 이 생각의 차이가 T-SITE를 만드는 철학의 근간이 됩니다.

파는 사람이 편하도록 책을 분류하는 것이 아니라 고객의 입장에서 라이프 스타일을 중심으로 책을 배치합니다. 이렇게 되면 여행을 좋아하는 고객을 위해 여행 책을 배치할 뿐만 아니라 자연스럽게 여행 관련 상담이 가능한 컨시어지를 만듭니다. 커피를 좋아하는 고객을 위해 커피 관련 책을 큐레이션할 뿐만 아니라 커피를 맛있게 마실 수 있는 관련 제품이나 커피 원두를 배치합니다. 요리 관련 책 옆의 라운지에서는 요리 교실이 열립니다.

츠타야 서점은 입지 선정부터 일반 서점과 다릅니다. T-SITE의 공통점은 사람들이 많이 다니는, 소위 말하는 입지가 좋은 곳에 있지 않다는 점입니다. 사람들이 많이 다니는 곳에 매장을 내는 것을 당연하게 여기는 오프라인 매장의 상식을 깨고 있습니다.

이렇게 도심에서 떨어진 곳에 T-SITE를 여는 이유 중 하나는 라이프 스타일을 제안하기 위해서는 다양한 물건을 전시하고 체험할 수 있는 넓은 공간이 필요하기 때문입니다. 또한 이는 츠타야가 가진 기획력에 대한 자신감을 반증하기도 하죠. 츠타야 서점을 사람들이 방문하고 싶어하는 공간으로 만들면 조금 멀고 귀찮더라도 고객들이 찾아올 것이라는 자신감입니다.

츠타야 서점은 '출퇴근길에 근처 서점에 들러서 책을 사는' 것이 아니라 '시간을 보내기 위해 츠타야 서점에 가고 마음에 드는 책을 발견하면 구입하는' 것으로 소비자의 행동을 바꿉니다. 즉 츠타야 서점 자체가 목적지가 되는 것이죠. 저 또한 T-SITE를 방문하면 점심도 먹고, 책도 보고, 커피도 마시고, 물건들도 구경하며 반나절 이상을 보내곤 합니다. 이렇듯 츠타야는 책을 판매하는 장소가 아닌 '머물고 싶은 공간'으로 만들고 고객들이 자연스럽게 책을 집어 들도록 유도합니다.

조금 더 구체적으로 T-SITE가 일반 서점과 다른 점을 살펴보도록 하겠습니다.

첫 번째로 기존 서점의 분류 방식에서 벗어나 특정 테마를 중심으로 책을 진열하고 관련된 물건이나 서비스를 제공해 전반적인 라이프 스타일을 제안합니다. 일반적으로 서점에서는 잡지, 만화, 경영서 등 책을 종류별로 분류해 진열합니다. 잡지 코너에는 여성지, 남성지, 스포츠 전문지 등 장르를 불문하고 잡지라는 이유로 모두 한곳에 모아둡니다.

하지만 츠타야는 여행, 인테리어, 식재료 등과 같은 테마를 가지고 책을 진열합니다. 토마토라는 과일을 테마로 한 코너에는 책이든 잡지든 토마토와 관련된 콘텐츠를 큐레이션해 진열합니다. 또한 책뿐만 아니라 토마토와 관련된 상품, 예를 들어 토마토 주스를 만들 수 있는 믹서기도 함께 진열합니다. 여행을 테마로 한 코너 옆에는 여행 관련 상품을 판매하는 서비스 카운터도 마련하는 식입니다.

T-SITE는 모두 비슷한 포맷처럼 보이지만 타깃 고객에 맞추어 각 매장을 차별화합니다. 어떠한 장르의 책을 중점적으로 큐레이션 하는지, 어떠한 물건과 서비스를 제공하는지를 달리하는 것입니다.

두 번째 특징은 많은 경우 T-SITE는 2층으로 이루어진 건물 2~3개 동으로 나누어 구성됩니다. 건물별로 특정 테마를 정하고 테마에 맞게 공간을 구성하고 있습니다. 건물을 나눔으로써 테마에 따라 공간이 분리되는 효과가 있지만, 각 동이 연결되어 있고 벽면 이 유리창으로 만들어져 개방감이 느껴집니다. 즉 공간을 분리하면 서 동시에 한 공간처럼 느껴지는 효과가 있습니다.

각 건물 내부의 구성 또한 책을 파는 장소와 물건을 판매하는 매 장이 확실하게 구분되도록 만들기보다는 자연스럽게 동선이 이어 집니다. 모든 코너와 책은 뚜렷하게 나누어져 있지 않고 개방적으 로 연결되어 있어 자연스럽게 책과 융합되어 있습니다.

마지막으로 T-SITE 내부에 고객들이 편안함을 느끼고 오래 머 무를 수 있는 공간을 만듭니다. 대표적으로 T-SITE에는 언제나 스 타벅스가 들어와 있는데요. 스타벅스를 통해 서점 내에서 편안하게 책을 읽을 수 있는 공간을 제공합니다. 스타벅스 내 좌석 외에도 곳곳에 의자와 테이블을 배치해 관심이 가는 책을 만나면 그 자리에서 편하게 시간에 구애받지 않고 책을 읽는 것이 가능합니다.

지역별 타깃 고객의
라이프 스타일에 맞추다

T-SITE 1호점인 다이칸야마에 이어 컬처 컨비니언스 클럽은 2014년 12월 두 번째 T-SITE를 쇼난에 열었습니다. 쇼난은 도쿄에서 약 한 시간 떨어진 남쪽 바닷가 주변의 동네로, 서핑을 좋아하는 사람들이 많이 모이는 곳이기도 합니다. 경제적으로 여유가 있는 가족들이 자연 친화적이며 여유로운 생활을 누리기 위해 이주하는 경우가 많습니다. 도쿄와 거리가 멀지 않아 도쿄의 감각은 유지하면서 자연에 둘러싸인 라이프 스타일을 원하는 젊은 가족이 많이 사는 곳입니다.

이러한 지역의 특성에 따라 쇼난 T-SITE의 타깃 고객은 슬로 라이프와 취미 생활을 즐기는 사람들, 아이가 한 명 있는 35세 전후의 가족입니다. 타깃 고객에 맞추어 요리, 여행, 반려동물, 취미 생활, 인테리어 관련 책들을 많이 볼 수 있습니다.

쇼난 T-SITE의 3개 동은 엔터테인먼트(Entertainment), 푸드앤라이프(Food&Life), 패밀리(Family)라는 각각의 테마를 가지고 있습니

좌. 쇼난 T-SITE는 자연 친화적인 라이프 스타일을 지향하는 고객들을 위해 유기농 식재료를 판매한다.

우. 쇼난 T-SITE의 쉐어 라운지는 누구나 편하게 책을 보며 시간을 보낼 수 있는 공간이다.

©정희선

다. 1호관인 엔터테인먼트에는 반려동물 관련 매장, 문구류 편집숍, 애플 제품을 판매하는 공식 딜러숍, 카메라 전문점 등 주민들의 생활을 즐겁게 만들어주는 취미 중심의 테넌트로 구성했습니다. 푸드앤라이프라는 테마로 구성된 2호관에는 잡화, 커피숍, 프랑스 요리점, 가구점, 요가 스튜디오까지 입점되어 인근 주부들이 하루 종일 시간을 보내도 좋을 만큼 여성 고객을 위한 테넌트를 충실히 입점 시켰습니다. 3호관은 패밀리, 즉 가족 고객을 위한 공간입니다. 유럽의 유명한 완구 전문점인 보네룬드에서는 다양한 완구를 경험해 볼 수 있으며 아이들을 위한 학원까지 들어와 있습니다. 책은 아동 서적이나 그림책을 중심으로 큐레이션되어 있습니다.

쇼난의 T-SITE는 자연 친화적인 라이프 스타일을 추구하는 고객들을 타깃으로 했기에 식재료 관련 테넌트도 들어섰습니다. 유기농 식재료를 사용한 요리를 제공하는 레스토랑뿐만 아니라 식재료를 판매하는 매장도 입점되어 있습니다. '슬로푸드'라는 테마로 요리 교실도 운영하는데, 이곳에서는 쇼난 지역에서 생산한 제철 식재료를 사용합니다.

책을 사지 않아도 편하게 와서 쉬다 갈 수 있는 공간 또한 많습니다. 특히 쇼난 T-SITE의 쉐어 라운지는 약 50개의 좌석을 마련하고 디자인 및 문화 관련된 책과 잡지를 큐레이션해 두었습니다. 이곳에서는 예술 분야의 디렉터가 진행하는 토크쇼, 워크숍 등 프로그램을 진행하기도 합니다.

쇼난 T-SITE는 단순한 서점을 넘어 쇼난 지역의 주민들에게 없어서는 안 되는 커뮤니티 역할을 담당하며 사람들을 모으는 역할을 하고 있습니다.

또 다른 T-SITE가 위치한 카시와노하는 도쿄 근교의 신도시로 가족 고객이 많은 곳입니다. 카시와노하 T-SITE는 신도시에 거주하는 30대 이상의 가족 고객을 대상으로 만들었습니다. 쇼난 T-SITE만큼 감도 높은 지역은 아니기 때문에 가족들이 함께 와서 즐길 수 있는 공간을 쇼난보다 많이 만들었습니다. 상당히 여러 종류의 요리 책과 아동 서적이 큐레이션되어 있고 쇼난에 비해 예술, 문화 관련 책의 종류가 적습니다.

카시와노하는 본관과 별관으로 나누어져 있습니다. 본관의 1층은 지역의 주부들이 매일 들르고 싶은 식재료 판매점, 베이커리, 카

좌. 카시와노하 T-SITE의 전경

우. 카시와노하 T-SITE에서 발효 식품을 테마로 책과 발효 식품을 진열했다.

차를 테마로 차 관련 책뿐만 아니라 다기, 차 등을 함께 큐레이션해 차를 즐기는 생활을 제안한다.

페 등이 들어섰습니다. 차(茶) 코너, 발효 식품 관련 코너에는 차와 발효 식품을 이해할 수 있는 책뿐만 아니라 해당 식품 등을 함께 팔고 있습니다. 카시와노하가 위치한 치바현의 지역 특산물을 판매하는 매장도 입점해 있습니다.

본관의 2층은 아동을 위한 공간입니다. 아동 관련 서적과 완구 제품에 2층을 온전히 할애하고 있습니다. 별관은 아웃도어 관련 매장들이 들어서 있습니다. 또한 아이들을 데리고 편하게 놀 수 있는 라운지를 크게 마련해 가족 고객이 편하게 쉴 수 있는 공간을 제공합니다.

마스다 무네아키는 『츠타야, 그 수수께끼』라는 책에서 "앞으로의 체인점은 전국적으로 획일적인 매장을 전개하는 것이 아니라 지역의 독자성을 토대로 지역 시민들에게 사랑받는 특색 있는 매장의 형태로 만들어 나갈 겁니다."라고 말합니다. 이러한 그의 철학대로 T-SITE는 지역 고객을 철저하게 연구하고 타깃해 공간을 구성합니다.

츠타야는 복합형 상업 시설인 T-SITE에 적용된 공간 공식을 일반 츠타야 서점에도 적용하기 시작합니다. 실제로 츠타야가 운영하는 일본 내 매장 약 1,100개 중 T-SITE는 5개에 불과하니까요. 생활 제안형 서점인 T-SITE를 운영하면서 얻은 큐레이션 역량과 라이프 스타일을 제안하는 기획을 전국의 츠타야 서점으로 확산시키고 있습니다.

상. 에베츠 츠타야 서점 전경

하. 에베츠 츠타야 서점 내부

©정희선

'식'과 '체험'으로
지역 주민을 모으다

2018년 11월, 삿포로 옆에 있는 작은 도시 에베츠에 츠타야 서점을 열었습니다. 에베츠는 홋카이도의 대도시인 삿포로에서 차로 약 30분 정도 달려야 나오는 조용한 도시입니다.

에베츠 츠타야 서점의 콘셉트는 '전원도시의 슬로 라이프 스타일 제안'으로 주택가 내에 위치해 있습니다. 인근 주택가에 사는 가족 고객을 타깃으로 한 것이죠. 실제로 에베츠 츠타야 서점이 들어선 주택가에는 20~30분 반경 내 상업 시설을 찾아보기 힘듭니다. 에베츠 츠타야 서점은 지역 주민이 여유롭게 시간을 보내는 공간, 지역 주민의 생활을 서포트하는 공간을 목표로 합니다.

이곳은 기존의 츠타야 서점과 다르게 마치 작은 쇼핑센터와 같은 느낌으로 T-SITE와 닮아 있습니다. 3개의 동으로 이루어져 있는데, 각 동이 식·지·생활(食·知·暮らし)이라는 콘셉트로 나눠져 있습니다.

이 중에서도 가장 눈에 띄는 부분은 '식(食)' 관련 공간입니다. 우선 '식'이라는 테마에 할애한 공간의 규모가 보통 츠타야 서점에 비해 압도적으로 넓습니다. 다른 츠타야 서점에도 레스토랑을 유치하거나 식재료를 구입할 수 있는 슈퍼마켓을 테넌트로 입점시킨 경우는 많지만 시설 내 한쪽 코너를 차지한 정도였습니다. 하지만 이곳은 아예 3개의 건물 중 한 동(약 450평)을 '식'이라는 주제로 만들었습니다. 식품, 요리와 관련된 책뿐만 아니라 지역에서 생산된 밀가루로 만든 빵을 판매하는 베이커리, 다양한 주방 가전과 주방 용품 등이 책과 함께 큐레이션되어 있습니다.

그뿐만 아니라 푸드 코트도 들어섰습니다. 츠타야 서점 내에서도 푸드 코트를 만드는 것은 최초의 시도라고 합니다. 푸드 코트에는 전국 어디에서나 볼 수 있는 프랜차이즈로 운영되는 음식점이 아닌 에베츠가 위치한 홋카이도 지역에서 유명한 레스토랑을 모아놓았습니다. 푸드 코트 한편에서는 홋카이도의 유명 식재료를 판매하기도 합니다.

에베츠 츠타야의 또 하나의 특징은 지역성을 강조하는 소위 '지역형 매장'이라는 점입니다. 이렇게 식품 영역을 강조하는 이유 또한 식품이 지역성을 나타내기에 좋은 소재이기 때문입니다. 홋카이도에서만 만날 수 있는 식품과 음식을 입점시켜 에베츠 매장을 다른 츠타야 매장과 차별화시킵니다. 또한 고객들이 식사하는 장소를 크게 만듦으로써 자연스럽게 더 오랜 시간 츠타야 서점에 머무는 효과도 있습니다. 책뿐만 아니라 지역의 특산물, 츠타야에서만 맛볼 수 있는 푸드 코트를 통해 고객이 방문할 이유를 제시합니다.

음식에 이어 에베츠 매장이 힘을 쏟은 부분은 체험형 이벤트입니다. 하지만 체험형 이벤트라고 유명한 사람을 부르는 것이 아닙니다. 현지 주민이 직접 요리나 수공예 등의 이벤트를 개최해 지역 주민 간 유대를 강화합니다. 이러한 이벤트가 많은 경우 월 100회 열린다고 합니다.

에베츠 츠타야 서점은 '식' 영역 강화와 '체험형 이벤트'를 통해 지역 커뮤니티에 깊이 침투한 '지역 밀착형' 서점을 만들고 있습니다. 지역 주민이 모이는 공간을 만드는 것, 지역 주민을 넘어 다른 동네에서도 에베츠에서만 경험할 수 있는 이벤트와 음식을 맛보기 위해 사람들이 모이는 공간을 만드는 것, 이것이 츠타야 서점의 목적입니다.

> "지역성이 강한 세입자를 불러 모아야 타지에서도 고객을 모을 수 있습니다. 아마존과는 정반대의 공간을 만들고 싶습니다."
> _우메타니, CCC의 에베츠 프로젝트 추진자, 닛케이 인터뷰

지역성 강화는 해당 지역들의 만족도를 높이기도 하지만 에베츠 츠타야 서점을 차별화시키는 요인입니다. 조금 먼 곳에서도 일부러 방문하는 서점이 되는 것입니다. 츠타야는 소위 '지역형 츠타야 서점'을 앞으로도 적극적으로 출점할 방침입니다.

책을 파는 곳이 아닌
사람을 모으는 장소로

인구가 감소하고 도시로 떠나는 젊은이들이 늘어나면서 서점이 문을 닫는 지역이 늘고 있습니다. 하지만 츠타야는 아무리 인구가 적은 도시에 사는 사람이라도 누구나 책을 가까이 할 수 있도록 지적 인프라인 서점을 이용할 권리가 있다고 믿습니다. 하지만 아마존과 같은 인터넷 서점의 공세로 인해 오프라인 서점이 고전하는 지금, 어떠한 서점을 어떻게 만들어가야 할 것인가라는 문제의 해답을 찾기란 쉽지 않습니다.

앞서 소개한 다이칸야마의 T-SITE나 에베츠의 츠타야 서점은 책뿐만 아니라 잡화나 식품을 포함해 전반적인 라이프 스타일을 제안하는 매장으로서 평범한 서점과 차별화됩니다. '이곳에서만 발견할 수 있는 제품을 큐레이션하고 체험'을 제공함으로써 사람들을 불러 모으고 있죠.

대도시에 있는 서점은 개점 전에 잠재적인 고객의 요구를 탐색합니다. 예를 들어 츠타야는 서점을 기획하기 전에 '이 거리에 있으면 좋겠다고 생각되는 시설'을 묻는 설문을 해서 결과를 공간 기획 시 반영합니다. 하지만 이러한 조사 방법은 지방 도시에서는 통하지 않는 경우가 많습니다. 잠재적인 니즈를 찾으려고 해도 '특별히 없다'라거나 '필요한 것이 없다'라는 식으로 답하는 경우가 많다고 해요.

'지방의 매장을 어떻게 활성화시킬 것인가?'라는 질문에 대한 답을 츠타야는 책이 아닌 '사람'에서 찾고 있습니다. 책을 파는 곳이 아니라 사람을 모으는 장소로 서점의 존재 이유를 바꾸어 활기를 불어넣고자 하는 것입니다.

이러한 전략을 시작한 곳은 하코다테의 츠타야 서점이었습니다. 약 26만 명의 인구가 머무는 하코다테에 2,500평이라는 대형 서점을 개업할 당시 가장 큰 고민은 '사람들이 많이 방문할까?'였습니다. 당시 홋카이도 츠타야 사장이었던 우메타니 씨가 생각해낸 것은 바로 '지역 밀착'과 '커뮤니티 형성'이라는 방법이었습니다.

어느 지역이든 커뮤니티 활동이나 모임은 존재하고, 그러한 모임에 지속적으로 참가하는 사람은 적지 않습니다. 인간은 사회적 동물로 다른 사람들과 연결되고 싶어하니까요. 츠타야는 지역의 커뮤니티가 활동할 수 있는 장소로서 츠타야 서점 공간을 빌려줍니다. 이용할 때는 따로 요금을 받지 않기에 누구나 편하게 와서 커뮤니티 활동을 합니다. 즉 커뮤니티 활동이 현지 사람들을 서점으로 모으는 방안이 되는 것입니다.

지역 주민들이 모이는 장소로 만들기 위해 하코다테의 츠타야는 매장 내 공간 구성에도 신경을 썼습니다. 사람들이 모일 수 있는 공간을 자연스럽게 매장 곳곳에 만든 것입니다. 예를 들어 대화면

모니터와 음향기기를 구비한 스테이지를 만들고, 건물 중앙에는 천장이 뚫린 커다란 공간을 만들어 개방감을 더했습니다. 책장과 분리된 공간에는 벽난로를 배치해 소규모로 삼삼오오 모여 앉을 수 있도록 했습니다. 아이들이 놀 수 있도록 키즈파크도 마련했고요.

이러한 노력 덕분에 하코다테의 츠타야 서점에서는 영어회화, 요리, 취미, 육아 등 현지의 주최자가 개최하는 다양한 커뮤니티 활동이 월 100회가량 열렸습니다.

이러한 지역 밀착 및 커뮤니티 형성이라는 방법은 성공적이었을까요? 코로나19의 영향이 있어 분기별로 증감은 있지만, 하코다테의 츠타야 서점은 개업 이래 지속적으로 매출이 증가하는 경향을 보이고 있다고 합니다. 실제로 츠타야의 서점 중에서 2020년도에 닌텐도의 인기 게임인 '동물의 숲'을 가장 많이 판 곳은 하코다테라고 해요. 사람이 모이니 물건도 팔리고 있는 것이죠.

츠타야 서점은 이러한 사람을 모으는 장소를 만드는 지역 밀착 및 커뮤니티 형성 전략을 다른 소규모 도시에서도 전개하기 시작합니다. 인구 약 2만 명의 미야자키현 다카나베쵸에 있는 츠타야 서점을 살펴볼게요. 이곳 또한 지역에 밀착한 커뮤니티 활동을 중시해 사람을 모으는 장소 만들기를 목표로 한 결과 순조롭게 매출이 늘고 있습니다.

예를 들어 같은 지역에 있는 미야자키현립 농업대학교 학생들이 만든 빵이나 쿠키 등을 판매하거나 고령자가 많은 지역의 특성을 감안해 매장 내 치매 관련 책을 소개하는 부스를 만들고 치매를 방지하기 위한 지역 모임 등을 진행하고 있습니다. 이러한 활동을 지속해 지역과 밀접한 연결이 이루어지면 츠타야 매장이 지역 주민들의 거점이 되고 자연스럽게 수익도 오르게 될 것이라는 생각입니다.

츠타야의 '기획력'으로
사람을 모으다

2013년 츠타야는 사가현에 위치한 다케오시 도서관의 기획을 의뢰받습니다. 츠타야의 '기획하고 공간을 만드는 힘'을 다케오시에서 빌린 것입니다.

다케오시 도서관은 츠타야와 함께 대규모의 리노베이션을 진행했고, 멋진 도서관으로 변신해 많은 사람이 방문하는 명소가 되었습니다. 도서를 보관하고 대출해주는 기능을 하는 기존 도서관의 형식을 깨고 도서관, 서점, 카페가 융합된 장소가 된 것입니다.

도서관 좌석 수도 187석에서 279석으로 늘렸고, 공공도서관임에도 불구하고 스타벅스가 들어서서 커피를 마시면서 책을 읽는 것이 가능합니다. 또한 기존의 도서관에서는 볼 수 없는 츠타야의 특기인 '라이프 스타일 분류'에 따라 책을 분류하고 있습니다. 장서를 개방하는 오픈형 진열은 삼성동 코엑스몰의 별마당 도서관이 벤치

다케오시 도서관 내부

©다케오시 도서관

마킹한 것으로도 유명합니다.

츠타야의 기획하는 힘, 기획력 자체를 빌리자 평범한 도서관도 지역 명소가 되어 전국에서 사람을 모을 수 있게 되었습니다.

최근 일본에서는 츠타야의 기획력을 빌리고자 손을 내미는 곳들이 많습니다. 인테리어 용품 및 가구를 판매하는 홈센터인 시마츄는 츠타야 서점과 협업해 가구와 책과 카페가 융합한 새로운 업태를 선보였습니다. 가구점이기도 하면서 서점이기도 한 매장인 '츠타야 북스토어 홈즈 신야마시타점'이 2018년 12월 등장합니다.

2018년, 창업 60주년을 맞이한 '홈즈(HOME'S)'라는 가구점과 홈센터를 운영하는 시마츄의 실적은 답보 상태였습니다. 2014년 1,662억 엔을 기록했던 매출은 2017년 1,412억 엔까지 감소합니다. 시마츄는 기사회생을 위한 비장의 카드로 2018년 8월 츠타야와 프랜차이즈 계약을 맺습니다. 고객 생활에 밀착된 라이프 스타일 제안을 목표로 여태까지의 매장과는 다른 새로운 형태의 매장을 만들기 위해서 츠타야의 기획력을 빌려온 것입니다.

"여태까지는 가구 매장이라는 사고에서 벗어나지 못했습니다. 상품을 판다 혹은 물건을 판다는 발상이 강했죠. 결국 가구점에서 물건을 판다는 것은 무엇일까를 생각했을 때 라이프 스타일을 제안한다는 것에 이르렀습니다."

_오카노, 시마츄의 사장, 닛케이 인터뷰

타깃으로 삼은 고객은 어린 자녀를 둔 20~30대 가족입니다. '퍼니처 & 북카페'를 콘셉트로 가구와 책, 잡화를 상황에 따라 편집해 배치했습니다. 약 20만 권의 서적 가운데 3만 권은 아동 서적으로 준비했으며 요코하마 시내 최대 규모의 키즈 스페이스를 만들었습니다. 또한 교육 완구 상품을 충실하게 구비했고, 보드게임을 통해 프로그래밍을 배울 수 있는 코너도 마련했습니다. 츠타야의 제안형 디스플레이를 활용해 주방 잡화 옆에는 요리 책, 수납 용품 옆에는 수납 노하우 관련 책 등 책과 관련성이 있는 상품을 진열해 객단가의 상승을 노립니다.

더불어 시마츄는 점포 내에 서로 다른 테마를 갖춘 12종류의 공간을 구성해놓았습니다. 예를 들어 '편안한 방'은 요코하마의 블루를 테마로 해 만들었습니다. 신야마시타 매장이 자리 잡은 요코하마는 바닷가 근처의 항구 도시입니다. 블루의 데님 소재를 가공한 사이드 박스나 선명한 청색의 소품을 효과적으로 배치해 요코하마의 항구를 느낄 수 있는 인테리어를 제안합니다.

'수면의 방'이라고 이름 붙인 콘셉트 룸에는 온 가족이 함께 누울 수 있는 침대를 배치하고 큰 프로젝터를 설치해 가족이 함께 그림책을 보다가 잠드는 생활을 제안합니다. '육아의 방'에서는 거실에서 공부를 할 수 있게 해주는 낮은 소파와 테이블을 소개합니다.

이렇듯 츠타야와 협업한 시마츄는 고객이 자신의 주거 생활을 쉽게 상상할 수 있도록 제품을 전시하고 공간을 기획함으로써 라이

상. 츠타야 북스토어 홈즈 신야마시타점에는 인테리어 관련 잡지와 서적이 다수 진열되어 있다.

중. 시마츄는 12개의 콘셉트 룸을 통해 가구를 제안한다.

하. '수면의 방'이라고 이름 붙인 콘셉트 룸

프 스타일을 제안하고 있습니다. 12개의 콘셉트 룸 중 '만드는 방'에서는 부모와 자녀가 함께 즐길 수 있는 워크숍을 정기적으로 개최하는 등 체험형 이벤트에도 힘을 쏟습니다.

"이곳에 와서 즐겁게 시간을 보내주면 좋겠습니다. 고객들이 무언가를 사는 것보다 편안하게 쉬었다 가기를 바라고요. 실매장이 존재하는 의의를 제대로 전하고 싶습니다."

_오카노, 시마츄의 사장, 닛케이 인터뷰

이렇게 매장을 새로운 콘셉트로 바꾸면 기존 고객이 떠날지도 모른다는 불안감도 있었다고 합니다. 하지만 위기를 돌파하기 위해서는 기존의 비즈니스 모델로부터 탈피하지 않으면 안 된다는 의식이 강했고 결국 리뉴얼을 진행했습니다.

결과적으로 시마츄의 전략은 대성공이었습니다. 신야마시타 매장의 내점 빈도, 객단가 등이 모두 상승했고, 2020년 8월 결산에서 부동의 매출 1위였던 요코스카 매장을 제치고 1위로 올라섭니다. 츠타야와 함께 협업한 뒤 신야마시타 매장을 방문하는 고객층이 크게 달라졌습니다. 35세 이하의 젊은 층이 큰 폭으로 증가했고, 신규 방문자가 34%에 달했습니다. 츠타야와의 컬래버레이션이 새로운 고객층의 방문을 촉진하는 효과를 냈음을 증명합니다.

이러한 순조로운 출발을 보인 1호점의 운영 노하우를 답습해서 시마츄는 츠타야 서점과의 제휴 2호점인 '츠타야 서점 홈즈 아마가사키 매장'을 2020년 10월 오사카에 선보입니다.

> "구획을 나누기보다 가구 판매와 책 판매 공간이 자연스럽게 연결되는 장소를 만드는 것을 목표로 합니다."
>
> _쿠보다, 간사이 츠타야의 사장, 닛케이 인터뷰

츠타야의 라이프 스타일을 제안하는 기획력은 서점을 넘어 다른 산업에서도 경쟁력을 발휘하고 있습니다. 츠타야 서점은 '일본 전국에 서점이 존재하지 않는 마을을 없앤다.'라는 비전을 내걸고 현재 1,100개를 운영 중인 서점이 병설된 매장을 1,500개까지 늘리는 것을 목표로 하고 있습니다.

여기서 잠깐, '병설'이라는 단어에 혹시 눈이 갔나요? '서점이 병설된 매장'이라고 표현한 것처럼 츠타야 서점은 서점만을 만들지 않습니다. 라이프 스타일을 제안하는 공간, 지역 커뮤니티가 되는 공간을 책만으로 채우는 것은 사실 힘든 일이에요. 우리 생활에 없어서는 안 되는 공간을 만들기 위해 츠타야는 다양한 업태를 서점 안으로 끌어들이고 있습니다. 이는 츠타야 서점을 특별하게 만드는 전략이기도 합니다.

대표적인 예가 츠타야 서점 내 병설해 운영하는 쉐어 라운지 (Share Lounge)입니다. 2019년 11월 시부야 스크램블 스퀘어에 입점한 츠타야 서점의 내부에는 쉐어 라운지가 함께 들어섰습니다. 쉐어 라운지는 '발상이 태어나고 공유하는 곳'이라는 콘셉트로, 라운지의 아늑한 공간에서 서점의 책에 접근이 가능한 동시에 업무 공간으로의 기능도 겸비한 새로운 형태의 업태입니다.

츠타야를 운영하는 CCC는 코로나19 확산 이전부터 앞으로는 장소나 조직에 갇히지 않고 일과 라이프 스타일을 선택하는 시대로 변화할 것으로 전망하고, 이러한 개인들을 위한 쉐어 라운지를 만들었습니다. 쉐어 라운지는 어떤 이에게는 오피스가 되기도 하며, 어떤 이에게는 카페나 바가, 혹은 서점이 되기도 합니다. 고객은 자신의 요구에 맞추어 공간을 자유롭게 사용할 수 있습니다.

쉐어 라운지에서는 추가 요금을 지불하면 알코올 음료와 간식도 무제한으로 먹을 수 있는데요. 실제로 쉐어 라운지에는 혼자서 업무를 보는 사람뿐만 아니라 소파에서 함께 와인을 마시며 업무를 논의하는 사람들의 모습도 쉽게 볼 수 있습니다.

병설 매장의 다른 예는 츠타야 컨디셔닝(TSUTAYA Conditioning)입니다. 츠타야 서점은 니시노미야시 야쿠시초 매장을 2021년 11월 리뉴얼하면서 서점 안에 피트니스 센터를 만들었습니다. '마음과 몸을 정비한다'라는 콘셉트의 츠타야가 제안하는 라이프 스타일 피트니스 센터입니다. 츠타야 내에 만들어진 공간답게 500권의 책이 상설된 북 라운지가 가장 커다란 특징입니다. 운동, 미, 식, 지(運動, 美, 食, 知)라는 4가지 영역의 서적을 큐레이션해 비치해놓았기에 책

©츠타야 쉐어 라운지

©정희선

상. 시부야 스크램블 스퀘어의 쉐어 라운지

하. 쉐어 라운지는 11층에 위치해 시부야 전경을 바라보며 업무가 가능하다. 츠
   타야 서점의 책도 편하게 열람할 수 있다.

을 읽으면서 운동하는 것도 가능합니다.

이렇듯 츠타야 서점은 해당 지역 주민들의 니즈에 맞는 업태를 서점 안에 함께 들임으로써 주민들이 서점을 방문하도록 촉진하고, 궁극적으로 책이 있는 삶을 제안합니다.

츠타야가 만든 공간들을 돌아다녀보니 이런 의문점이 생깁니다. '어떻게 이렇게 사람들이 모이는 공간을 기획할 수 있을까?' 마스다가 〈닛케이 신문〉과 2017년 진행한 인터뷰의 한 대목에서 힌트를 얻을 수 있었습니다.

"직감과 데이터를 왔다 갔다 하는 거죠."

_마스다 무네아키, CCC의 CEO

마스다는 관찰을 통해 '이것이 좋아'라고 직감적으로 느끼고 이를 검증하기 위해 데이터를 사용한다고 합니다. 새로운 것을 만들어내는 것은 직감이지만 직감을 지탱하는 것은 결국 데이터라는 것입니다.

마스다는 다이칸야마의 T-SITE를 만들기 전 현재 T-SITE가 들어선 공간 맞은편에 있는 카페에 하루 종일 앉아서 동네 사람들을 관찰했습니다. 그는 다이칸야마에는 경제적으로 여유가 있는 50~60대의 시니어층이 많이 산다는 것을 느꼈고, 이들을 위한 공간이 필요하다는 것을 직감했다고 합니다. 그리고 일본의 인구 추이 그래프 데이터를 통해 그의 직감이 맞았다는 것을 확인하고 기획을 진행했습니다.

그는 또한 『지적자본론』에서 소비사회의 변화를 3단계로 요약합니다. 첫 단계는 물건이 부족해 무엇이든 만들면 팔리는 시대, 두 번째는 상품이 넘쳐나기 때문에 상품을 선택하기 위한 장소, 즉 플랫폼(유통)이 중요한 시대, 마지막은 수많은 플랫폼이 이미 존재하기 때문에 제안 능력이 핵심인 시대입니다. 그리고 제안하는 능력의 시작점은 사람들의 행동을 '관찰'하는 것과 사람들을 이해하고자 하는 '마음'이라는 것입니다.

시대를 꿰뚫는 그의 말처럼 물건이 넘쳐나고, 물건을 유통하는 플랫폼 또한 넘쳐나는 이 시대에 츠타야의 제안 능력은 산업을 불문하고 고객을 불러들이는 힘을 가지고 있습니다.

츠타야의 제안 능력은 산업을 불문하고 고객을 불러들이는 힘을 가지고 있다.
©shutterstock

7장

지역색이 담긴 공간을 만듭니다

이제는 지방의 시대입니다.
대도시에 위치한 어디서나 비슷비슷한
매장의 개발을 피하고 싶었습니다.
지역 주민들과 어울려
지역의 아름다움을 함께 만들어가고 싶습니다.

무인양품과 츠타야처럼 전국적으로 운영되는 브랜드들은 어느 매장을 방문하든 일정 수준 이상의 서비스를 보장하기에 소비자는 안심할 수 있습니다. 하지만 동시에 식상할 수도 있죠. 그래서인지 최근 개성 넘치는 로컬 매장들이 인기를 끌고 있습니다. 소비자들은 그 지역에서만 볼 수 있는 특별하면서 스토리가 있는 제품을 만나고 싶어합니다.

전국적으로 동일한 형태로 운영하는 브랜드들도 이제는 '어떻게 하면 지역색을 드러낼 수 있는 매장을 만들 수 있을 것인가'를 고민하고 있습니다. 실제로 무인양품이 '식품'과 함께 힘을 쏟는 전략은 바로 '로컬라이제이션(localization)'입니다. 2021년 9월 무인양품은 '제2의 창업(第二創業)'을 선언했는데요. 제2의 창업에서는 지역 밀착, 토착화, 사회 과제 해결을 키워드로 내걸고 있습니다.

단지 키워드를 내세우는 것만이 아닙니다. 지역색이 듬뿍 담긴

187

매장을 만들고 '지역으로의 토착화'라는 목표를 실현하기 위해 무인양품은 2021년 9월 '지역사업부'를 만들었습니다. 지역사업부는 수익을 내면서 각각의 지역에 맞는 매장 모델을 구축하는 역할을 전담하는 부서입니다. 일본 12개 지역에 지역사업부를 설치했고, 이들은 매장의 출점 계획부터 독자적인 상품 개발까지 지역 밀착형 사업 모델을 추진합니다.

해당 지역에서만 만날 수 있는 특별한 상품과 서비스, 지역에서만 만날 수 있는 특별한 공간은 고객들이 매장으로 발길을 옮기도록 촉진합니다. 이제부터 무인양품의 지역색을 담은 매장들을 만나보러 가겠습니다.

⸺◦⸺

식품으로
지역의 색을 담아내다

무인양품이 힘을 쏟는 '지역성을 살린 매장'을 만들기 위해서 빠질 수 없는 아이템 중 하나는 식품입니다. 식품이야말로 지역만의 색깔을 드러내기에 좋은 분야입니다.

지역의 색깔을 담은 대표적인 매장은 2019년 11월에 선보인 교토 야마시나 매장, 그리고 2020년 7월에 문을 연 나오에츠 매장입니다. 두 매장의 오픈 기자회견에서 무인양품의 카나이 마사아키

회장은 지역과 상생하는 매장으로서 무인양품의 역할을 재차 강조합니다.

> "이제는 지방의 시대입니다. 대도시에 위치한 어디서나 비슷비슷한 매장의 개발을 피하고 싶었습니다. 지역 주민들과 어울려 지역의 아름다움을 함께 만들어가고 싶습니다."

야마시나 매장은 지역 농가가 수확한 식재료와 신선식품을 구비한 것에 더해 새로운 시도를 했습니다. 무인양품이 아닌 다른 식품 전문 브랜드를 점내로 유치한 것입니다. 무인양품의 브랜드와 통일된 이미지를 풍기는, 즉 화학조미료를 사용하지 않으며 생산자로부터 직접 재료를 공급받아 만드는 야채절임 전문점, 반찬 전문점, 교토에서 유명한 스위츠 전문점 등이 입점했습니다.

이런 매장들은 교토의 특색을 느낄 수 있음과 동시에 무인양품의 식품들과 자연스럽게 어우러지며 야마시나 매장을 차별화시키는 역할을 합니다. 그뿐만 아니라 주말이면 지역의 생산자들을 모아 마르쉐나 이벤트를 개최하기도 합니다.

> "어떤 사람이 어떤 생각으로 만드는지를 아는 순간에 상품의 가치를 알게 되고 더욱 맛있다고 느낍니다. 그 마음이 움직이는 순간을 상품과 함께 전달하는 것이 우리의 중요한 역할이죠. 지역의 사람들과 공유하

교토 야마시나 매장 내 들어선 반찬 전문점

©무인양품

는 공간으로서 식품의 배경이 되는 이야기나 식품에 관련된 정보를 전달하고 싶습니다."

_마츠에다, 야마시나 매장의 커뮤니티 매니저, 닛케이 인터뷰

식품을 통해 지역색을 드러내는 또 하나의 매장인 니가타현에 위치한 나오에츠 매장을 둘러보겠습니다. 그중에서도 나오에츠 지역에서 자란 농산물과 특산품을 판매하는 '나오에츠 양품시장(良品市場)'과 푸드 코트인 '나오에츠 양품식당(良品食堂)'이 눈에 띕니다.

나오에츠 양품시장에서는 '지역 주민의 일상 한가운데'라는 나오에츠 매장의 콘셉트에 걸맞게 로컬의 식품을 강화하고 있습니다. 지역의 농가에서 수확한 농산물과 특산물을 직송해 판매합니다. 제철 채소, 과일, 쌀, 술, 발효 식품 등 약 100여 종 이상의 상품을 판매하고 있습니다.

나오에츠 양품식당은 약 160석 정도의 푸드 코트로 무인양품이 직접 운영하고 있습니다. 양품식당의 일부 메뉴는 나오에츠가 위치한 니가타현에서 유명한 식당의 레시피를 전수받아 만든다고 합니다. 나오에츠 매장을 방문한 고객들은 다른 매장에서는 맛볼 수 없는 니가타현만의 음식을 만나게 되는 것이죠.

무인양품처럼 대규모 체인으로 운영되는 브랜드는 동일한 품질의 제품을 제공하면서 규모의 경제를 통해 낮은 가격을 실현합니다. 반면 어디서나 똑같은 매장에 매력을 느끼지 못하는 소비자들

상. 지역 농산물과 특산물을 판매하고 있는 '나오에츠 양품시장'

하. 나오에츠 양품식당

©정희선

도 많습니다. 그래서 무인양품은 어느 지역에서나 만날 수 있는 매장이 아닌 각 지역의 특성을 살린 매장 만들기를 진행합니다. 무인양품은 브랜드 이미지는 통일되게 유지하면서 식품을 통해 지역의 느낌을 가미해 지역별로 각기 다른 매력을 가진 매장을 만들고 있습니다.

세상에서 하나뿐인
스타벅스

그곳에서만 만날 수 있는 특색 있는 공간을 만드는 브랜드를 이야기할 때 스타벅스를 빼놓을 수가 없습니다. 스타벅스는 '커피'가 아니라 '공간'을 파는 곳이라고 해도 과언이 아니죠. 단순히 커피를 마시는 것을 넘어 스타벅스가 제공하는 분위기와 공간을 경험하기 위해 많은 사람이 스타벅스를 방문합니다. 스타벅스는 공간을 통해 브랜드 이미지를 전달하고 공간을 끊임없이 진화시키며 고객들에게 새로운 체험을 제공하고 있습니다.

스타벅스라는 브랜드를 느낄 수 있는 대표적인 공간은 스타벅스 리저브 로스터리(Starbucks Reserve Roastery)입니다. 2022년 11월 기준 전 세계에서 여섯 군데(미국 시애틀, 뉴욕, 시카고, 중국 상하이, 이탈리아 밀라노, 일본 도쿄)가 운영 중이고, 이미 국내 언론에도 많이 소개되

도쿄 나카메구로의 리저브 로스터리

었습니다.

스타벅스 리저브 로스터리는 스타벅스가 공들여 만든 체험형 매장입니다. '로스터리(매장에서 직접 커피 원두를 볶아서 판매하는 곳)'라는 이름이 의미하는 대로 커피를 추출하는 과정을 경험할 수 있는 곳이죠. 예를 들어 2019년 3월에 문을 연 도쿄 나카메구로의 리저브 로스터리는 약 900평의 규모로, 한국에서 가장 큰 스타벅스 매장인 스타벅스 더양평DTR점의 약 2.5배에 달합니다.

리저브 로스터리 매장은 거대한 로스터기(커피 볶는 기계)로 압도적인 비주얼을 자랑할 뿐만 아니라, 커피의 원두가 이동해 로스팅되는 모습과 로스팅이 끝난 후 커피가 포장되는 전 과정을 볼 수 있습니다. 매장을 방문한 고객들은 커피콩을 직접 만져보고 커피를 내려보며 오감으로 커피를 경험합니다.

하지만 스타벅스가 거대한 체험형 매장에만 힘을 쏟는 것은 아닙니다. 스타벅스는 지역사회에 녹아드는 것 또한 중시합니다. 이러한 지역성을 중시하는 철학의 상징이 되는 것이 바로 '리저널 랜드마크 스토어'입니다.

리저널 랜드마크 스토어

리저널 랜드마크 스토어(Regional Landmark Store)는 각 지역의 상징이 되는 곳에 자리한 매장입니다. 그 지역만의 다양한 요소를 결합한 건축 디자인을 채택해 지역의 역사와 전통, 문화를 알리는 역할을 합니다. 지역의 특색을 살린 건축물과 공간 디자인은 새로운 매장을 열 때마다 화제가 되기도 합니다. 2005년 가마쿠라 오나리마치 매장으로 시작된 리저널 랜드마크 스토어는 지역의 공원 및 세계유산인 신사와 같은 역사적인 장소에 들어서며 2022년 8월 기준 일본 전역에 28개 매장을 운영하고 있습니다.

리저널 랜드마크 스토어의 각 매장은 철저하게 그 지역과 토지에 맞추어 맞춤형 공간으로 디자인합니다. 매장을 열기 전에 지역에 관해 면밀한 조사를 거쳐 매장을 설계하는데요. 입지 조건, 기존 시설의 현황, 주변 환경과의 조화 등 제약이 큰 경우가 많아 일반적인 매장을 만드는 방식이 통용되지 않기도 합니다.

"자연이 풍부한 입지라면 나무와 식물을 가능한 보존하면서 바람과 태양의 움직임까지 감안해 설계해 나갑니다. 문화적 건축물이라면 전통을 의식해 전통을 살리면서 스타벅스의 세계관을 융합합니다."

_요네야마, 매장설계부 리전 디자인 그룹 매니저, 닛케이 인터뷰

이는 효율성을 중시하는 체인점에 있어 지극히 비효율적인 출점 전략이라고 할 수 있습니다. 하지만 스타벅스는 효율성보다 지역성을 살리는 매장을 통해 지역과의 연결을 중시합니다. 28개 매장 각각 모두 개성이 있으며 배경에는 다양한 스토리가 있습니다.

그중에서도 가장 상징적인 매장은 교토의 히가시야마구에 있는 교토 니넨자카 야사카 차야점입니다.

이 매장은 교토의 인기 관광지이자 세계 유산인 기요미즈데라(청수사)로 향하는 언덕길인 니넨자카에 자리 잡고 있습니다. 일본의 전통문화를 체험할 수 있도록 100년 된 2층 규모의 전통 가옥을 개조해 만들었는데요. 구상부터 완성에 이르기까지 무려 10년이 걸렸다고 합니다.

매장의 외관에는 우리가 흔하게 봐오던 스타벅스의 녹색 간판이나 로고는 보이지 않습니다. 이곳이 스타벅스인지 눈치채지 못하고 지나가는 사람이 있어도 이상하지 않을 정도입니다. 스타벅스의

교토 니넨자카 야사카 차야점 전경
©정희선

교토 니넨자카 야사카 차야점 내부
©정희선

간판 대신 포렴(가게의 입구에 길게 늘어져 있는 천)이 걸려 있습니다. 포렴이 걸린 스타벅스는 전 세계에서 이곳뿐이라고 하더군요.

1층에는 교토의 전통 가옥(마치야, 町家)에서 볼 수 있는 좁고 긴 통로를 그대로 살려 오래된 주택의 복도를 걷는 듯한 체험이 가능합니다. 또한 2층에는 신발을 벗고 들어가는 다다미방 3곳이 마련되어 있어 일본적인 느낌과 커피 향이 뒤섞인, 비일상적이면서도 아늑한 느낌이 공존합니다.

하지만 매장별로 커스터마이즈하는 것은 매장 디자인뿐만이 아닙니다. 기존의 구조나 토지의 특성을 살리기 위해 매장의 오퍼레이션마저 바꿉니다. 일반적으로 스타벅스에서는 계산대와 커피나 음식을 받는 카운터가 붙어 있습니다. 하지만 교토의 스타벅스는 들어서자마자 바로 계산대가 있고, 이곳에서 커피를 주문한 뒤 긴

통로를 걸어가서 커피를 받도록 하고 있습니다. 전통 가옥의 통로를 체험할 수 있도록 하기 위함이죠.

고베의 스타벅스 또한 지역의 특색을 잘 살린 매장입니다. 고베는 일본에서도 서양 문물을 일찍 받아들인 항구 도시로, 1800년대 후반부터 1900년도 초반 사이에 지어진 서양식 건축물이 많습니다. 고베의 기타노초에 위치한 기타노 모노가타리관 스타벅스는 1907년 만들어진 2층의 서양식 목조 주택을 그대로 살려 매장을 만들었습니다. 일본의 유형 문화재로 등록되어 있으며, 매장 안에는 당시의 시대 분위기를 느낄 수 있는 앤티크 가구와 소품들이 그대로 보존되어 있습니다.

스타벅스는 지역의 문화와 전통을 보존함과 동시에 지역의 특성을 콘셉트로 한 세상에서 하나뿐인 스타벅스를 만들고 있습니다. 이렇게 '등록유형문화재'라는 역사적 건물에 출점하는 것은 문화재의 보호 및 활성화라는 관점에서도 지역에 메리트가 되고 있습니다. 문화재는 보존하는 것만으로도 큰 비용이 듭니다. 하지만 이를 매장으로 운영하면 유지비가 필요 없습니다. 게다가 사람들이 모이며 역사와 문화에 관심을 가지게 되고, 이는 다시 지역 활성화로 이어집니다. 단순히 카페의 출점이 아닌 지역과의 새로운 연결고리를 낳을 가능성이 생기는 것입니다.

지역 전략의 상징으로서 리저널 랜드마크 스토어를 운영하는 스타벅스이지만 "더 많은 고객이 방문하는 평범한 매장의 가치를

199

높이는 것이야말로 우리의 사명이며, 지역과의 연결에 더 중요한 역할을 한다."라고 전합니다. 이러한 철학에 따라 지역에 맞추어 디자인한 매장을 일반 매장에도 확산하기 시작합니다. 실제로 스타벅스는 고객 한 사람 한 사람에게 맞춘 퍼스널라이제이션을 의식하는 곳입니다. 음료 또한 자신이 원하는 대로 다양하게 커스터마이즈해서 마실 수 있는 것처럼 매장 또한 각각의 고객에게 있어 가장 기분 좋은 장소가 되는 것을 목표로 하는 것입니다.

스타벅스는 자신들을 단지 음료를 제공하는 장소로 여기지 않습니다. 함께 방문한 사람들 간 커뮤니케이션의 장이 되기도 하고 일하는 사람들의 오피스가 되기도 합니다. 스타벅스는 사람들이 들어오는 순간부터 매장 안에서 어떻게 지내는지, 어떻게 매장을 나서는지 '커스터머 저니 맵(Customer Journey Map, 고객 여정 지도)'이라고 불리는 이러한 과정을 철저히 검증합니다.

언뜻 보면 이는 매장 설계에 있어 당연한 일일지도 모릅니다. 하지만 스타벅스 재팬은 이러한 매장 설계를 완전히 인하우스 디자이너가 진행한다고 합니다. 현장을 잘 아는 영업 담당자로부터 정보를 철저하게 입수하고 현지에 정기적으로 방문해 어떤 사람이 매장을 찾는지, 어떤 니즈가 있는지, 어떻게 니즈를 만족시켜 가치를 향상시킬 수 있는지를 우직하게 찾아갑니다.

무슨 요일, 몇 시에 어떤 사람이 와서 어떻게 사용하는지 면밀히 이미지를 그린 후 매장의 레이아웃에 반영합니다. 이러한 세심한 공간 기획과 설계가 많은 사람을 스타벅스로 불러들이는 힘이 되고 있습니다.

스타벅스로 나들이 갑니다

일본에서 화제가 된 새로운 오프라인 공간을 방문하게 되면 브랜드를 불문하고 어디든 스타벅스의 간판을 볼 수 있습니다. 앞서 소개한 츠타야, 스노우피크, 무인양품의 매장 안에도 스타벅스가 입점해 있습니다. 많은 브랜드가 새로운 스타일의 매장이나 플래그십 매장을 구상할 때마다 스타벅스를 초대하고 있습니다.

이러한 컬래버레이션의 장점은 무엇일까요? 브랜드는 스타벅스라는 강력한 브랜드를 유치함으로써 고객들의 방문을 촉진할 수 있습니다. 새로운 콘셉트의 스타벅스는 언제나 화제를 불러일으키고 고객들이 한 번쯤 방문하고 싶어하니까요. 스타벅스 또한 자칫 지루해질 수 있는 스타벅스의 공간을 다양한 콘셉트로 확장할 수 있는 장점이 있습니다.

캠핑장에서 마시는 스타벅스 커피는 어떤 맛일까요? 식물에 둘러싸인 스타벅스는 어떤 느낌일까요? 스타벅스는 타 브랜드와의 컬래버레이션을 통해 커피에 새로운 체험을 입히고 있습니다. 캠핑장에, 식물원에, 때로는 공원에 스타벅스가 들어서고 해당 지역의 색깔을 매장 디자인에 반영합니다.

스노우피크의 캠핑장 내 설치된 스타벅스는 내부 테이블과 의자를 전부 스노우피크 제품으로 사용한다.

©정희선

앞에서도 사례를 들었지만 캠핑 브랜드인 스노우피크의 체험형 매장 내에 들어선 스타벅스는 캠핑을 테마로 하고 있습니다. 스타벅스 내 의자와 테이블은 모두 스노우피크의 캠핑 용품입니다. 야외 테라스에도 캠핑 의자를 설치해 눈앞의 산과 캠핑장을 바라보면서 캠핑하는 느낌으로 스타벅스 커피를 마실 수 있습니다.

꽃에 둘러싸인 식물원과 같은 스타벅스 매장도 새로운 경험을 전달합니다. 도쿄 근교에 위치한 유원지 요미우리랜드는 2020년 3월 꽃과 디지털을 융합시킨 디지털 식물원인 하나비요리(HANA BIYORI)를 열었습니다. 온실 안에서 1년 내내 핀 꽃과 식물들을 구경할 수 있을 뿐만 아니라 플라워 샹들리에와 디지털 아트를 경험할 수 있는 곳입니다.

이 식물원 내부에도 스타벅스 매장이 들어섰는데요. 좌석은 식

식물원 내 스타벅스
©요미우리랜드

물과 꽃에 둘러싸여 있으며, 곳곳에는 바다를 표현한 작은 수족관이 설치되어 있어 자연을 느끼며 커피를 마실 수 있습니다. 식물로 만든 녹색의 스타벅스 간판이 공간의 콘셉트를 확실하게 드러내고 있습니다.

스타벅스는 자신만의 브랜드 정체성을 잃지 않으면서도 협업하는 브랜드의 콘셉트가 잘 드러나도록 공간을 기획합니다. 이것이 일본의 다양한 브랜드가 체험형 매장을 내면서 스타벅스 매장을 유치하려는 이유일 것입니다. 스타벅스 브랜드 자체만으로도 고객들을 불러들이는 효과가 있지만 상업 시설 및 체험 시설과 잘 융합된 새로운 스타벅스를 경험하는 것은 고객에게 또 다른 재미를 선사합니다.

─────────────────◦─────────────────

교토의 전통에 녹아들다,
블루보틀

미국 캘리포니아 오클랜드에 2002년 처음 문을 연 블루보틀 커피(Blue Bottle Coffee)는 20년도 채 안 되는 짧은 기간에 '커피계의 애플'이라 불리며 유명 브랜드가 되었습니다. 블루보틀 커피는 '제3의 물결 커피(third wave coffee)'의 시작이라고 평가받기도 합니다.

'제1의 물결 커피(first wave coffee)'는 1990년대 이전 베이커리

에서 빵과 함께 파는 커피 혹은 슈퍼에서 파는 인스턴트커피로, 커피의 질보다는 1천~2천 원의 저렴한 가격에 많은 사람에게 커피를 제공하는 역할이 중요했습니다. 1990년 이후 우리가 잘 아는 스타벅스가 등장하면서 '제2의 물결 커피(second wave coffee)' 시장이 열렸습니다. 집과 직장이 아닌 제3의 공간에서 인스턴트커피보다 질 좋은 커피를 제공하는, 요즘 가장 흔한 커피 전문점 형태죠.

그러다 2010년 이후, 미국 서부의 샌프란시스코를 중심으로 제3의 물결 커피가 시작됩니다. 대표적인 가게가 블루보틀 커피, 필즈 커피(Philz Coffee), 스텀프타운 커피(Stumptown Coffee) 등입니다. 제3의 물결 커피는 스타벅스보다 훨씬 좋은 원두를 사용하며 색다른 로스팅 기법을 도입해 기존의 커피와 차별화된 맛을 제공한다는 특징이 있습니다. 제3의 물결 커피 전문점 대부분은 1~2분 이내로 빠르게 커피를 내리기보다 고객별 니즈에 맞춰 핸드드립으로 시간과 정성을 들여 커피를 내려줍니다.

획일화된 커피 맛에 지친 미국 소비자들은 새로운 방식으로 제공되는 커피에 열광하기 시작했고, 제3의 물결 커피는 미국 전역으로 확대되었습니다. 제3의 물결 커피를 대변하는 브랜드인 블루보틀은 일본과 한국, 그리고 홍콩에 진출했습니다.

한국에 블루보틀이 진출할 당시인 2019년, 처음 문을 연 성수 매장에는 이른 아침부터 블루보틀 커피를 마시기 위해 줄 서서 기다리는 광경이 펼쳐졌으며 2시간 정도 기다려야 입장이 가능할 정

7장 지역색이 담긴 공간을 만듭니다

도로 관심을 받았습니다. 많은 사람이 블루보틀 간판 아래에서 인증샷을 찍어 인스타그램에 올리기도 하고, 파란 병 로고가 그려진 머그컵을 하나씩 사 들고 나오기도 했죠. 성수 지점 이후 블루보틀은 빠르게 매장을 늘려 2022년 11월 기준, 서울과 제주도에 총 9개의 매장을 운영 중입니다.

블루보틀이 한국에 진출하기 전 가장 먼저 진출한 해외 국가는 옆 나라 일본이었습니다. 2015년 도쿄에 블루보틀 최초의 해외 매장을 열었고, 2022년 11월 기준 도쿄에 15개, 요코하마에 2개, 교토에 5개, 고베에 2개, 오사카에 1개, 군마에 1개, 총 26개의 매장을 일본에서 운영 중입니다. 그중에서도 지역의 문화와 감성을 담은, 세상에서 단 하나뿐인 블루보틀을 소개합니다.

교토의 감성을 담은 블루보틀

블루보틀 CEO 브라이언 미한은 〈허프포스트〉와의 인터뷰에서 다음과 같이 말했습니다.

"블루보틀은 카페가 위치한 도시와 지역 커뮤니티를 굉장히 중요하게 생각합니다. 블루보틀 고유의 정신을 지키면서도 지역과의 균형을 이루는 것입니다."

블루보틀은 철저하게 지역의 특성에 맞추어 정제된 실내 디자인을 통해 공간에 녹아들어가는 매장을 만들고 있습니다. 일본의 문화를 대변하는 도시인 교토에 들어선 블루보틀 카페가 좋은 예가 될 것 같습니다.

블루보틀 커피 교토점 외부 모습
©정희선

교토의 유명한 관광지의 하나인 난젠지 근처를 걸어가다 보면 파란 병이 그려진 나무 간판이 보입니다. 교토의 고민가(古民家)* 모습 그대로를 유지하며 주변과 어우러져 있기에 자칫하면 블루보틀 카페인지 모르고 지나치기 쉽습니다. 2층 창문에 그려진 파란 병이 이곳이 블루보틀 카페임을 알게 해줄 뿐 어느 곳을 둘러보아도 고민가 모습 그대로입니다.

스타벅스 또한 교토에 고민가를 이용한 매장을 만들었죠. 굳이 두 브랜드를 비교해보자면 스타벅스는 고민가의 구조만 살리고 내부는 스타벅스다움을 유지하고 있습니다. 예를 들어 이곳의 스타벅

• 오래된 전통 목조 일본 가옥

블루보틀 커피 교토점 내부 모습
ⓒ정희선

스를 방문하면 제가 거의 매일 방문하는 집 앞의 스타벅스와 같은
테이블과 의자를 사용하고 있기 때문에 앉는 순간 바로 '스타벅스'
라는 느낌을 받습니다.

　반면 블루보틀은 블루보틀 카페라기보다 마치 오래된 집에 앉
아 커피를 마시는 느낌입니다. 블루보틀의 미니멀하고 정제된 내부
디자인이 고민가 자체의 분위기를 방해하지 않고 조화를 이루고 있
습니다.

　1950년 이전에 지어진 목조 주택 마치야(町屋)*는 상가와 주거를

* 서민들이 거주했던 전통적인 목조 가옥

결합한 일종의 주상복합 형태라고 볼 수 있습니다. 그중에서도 과거 1,200년간 수도였던 교토에서 만들어진 마치야는 특별히 교마치야(京町家)라고 부릅니다. 교토점은 지은 지 100년이 넘는 2층 구조의 전통적인 건물인 교마치야의 골조를 살려 만들었습니다. 교마치야는 1980년대까지는 공실률이 높아서 빈집 문제를 일으켰지만, 1990년대 이후부터 리노베이션을 통해 교마치야를 카페나 오피스로 바꾸어 활용하는 사례가 많아졌습니다.

블루보틀은 이러한 상가와 주거 공간이 분리된 마치야의 구조를 십분 활용해 주거 공간이었던 곳은 카페로, 상가 공간이었던 곳은 굿즈를 판매하는 장소로 분리했습니다. 마치야의 구조뿐만 아니라 나무 기둥과 벽면의 점토도 그대로 남겨 두었습니다. 중후한 기둥과 대들보를 그대로 유지했고 거칠지만 멋있게 드러난 토벽 등 기존의 건물을 그대로 살려 연출했습니다.

교토의 블루보틀은 새로운 커피 체험을 전달하기 위해 카페의 2층 공간을 완전 예약제로 운영되는 특별한 공간으로 리뉴얼했습니다. '더 라운지 교토(The Lounge -Kyoto-)'라는 이름에 걸맞게 7석만 운영합니다. 더 라운지 교토에서는 최신 이론과 전통적인 방법을 혼합해 추출한 커피를 제공하며 계절에 맞는 전통 과자를 디저트로 제공합니다. 특별히 마련된 아늑한 공간에서 100년이 넘는 역사를 느끼며 맡는 커피 향은 색다른 경험을 선사할 것입니다.

50년 된 진료소가 카페로, 블루보틀 산겐자야

시부야에서 지하철을 타고 두 정거장을 가면 산겐자야라는 동네가 나옵니다. 조용한 주택가 산겐자야의 상점 거리에 위치한 블루보틀 산겐자야점은 1970~1980년대 느낌이 그대로 남아 있습니다.

블루보틀 산겐자야점은 큰길에서 약 20m 정도 들어가야 하는 꽤 깊숙한 골목에 자리 잡고 있어서 지나치기 쉽습니다. 골목길 입구에 있는 파란 병 로고 간판이 아니면 카페가 있을 것이라고는 생각되지 않는 장소입니다.

블루보틀 산겐자야점은 지난 50년간 진료소로 사용되었던 건물을 리노베이션해 만들었습니다. 당시 건물 주인은 '조부모님이 운영하시던 추억이 담긴 진료소에 새로운 가치를 더해 커뮤니티를 잇는 장소로 만들고 싶다.'라고 생각했고, 블루보틀은 이에 공감해 이곳에 출점하게 되었다고 합니다.

이 매장의 독특한 점은 밖에서는 안 보이지만 커피를 주문하고 빙 돌아서 들어가면 안쪽의 공간에 좌석과 테이블이 있다는 것입니다. 그리고 안쪽 공간의 옆에는 밖에서는 보이지 않았던 안마당이 나타납니다. 전혀 생각지 못했던 곳에 나타난 베란다와 안마당은 깜짝 선물 같습니다.

카페가 왜 이런 구조로 만들어졌을까요? 이 건물에는 건물 주인이 경영하는 진료소뿐만 아니라 갤러리도 함께 설치되어 있었습니

좌. 블루보틀 커피 산겐자야점 외부 간판

우. 블루보틀 커피 산겐자야점 외부 모습

©정희선

©정희선

©skimA

좌. 블루보틀 커피 산겐자야점 내부 모습

우. 블루보틀 커피 산겐자야점

다. 정리하자면 커피를 주문하는 공간은 진료소였으며 카페 좌석이 위치한 공간은 갤러리였습니다. 블루보틀은 장소를 다시 태어나게 하고 싶으면서도 역사는 보존하고 싶은 건물 주인의 생각을 존중해 이러한 소소한 구조조차도 그대로 살려서 카페로 만든 것입니다.

건물 주인은 원한다면 얼마든지 건물을 증축하거나 리노베이션해 더 많은 월세 수입을 노릴 수도 있을 것입니다. 특히 산겐자야는 도쿄에서도 살고 싶은 동네 상위권에 항상 오르는 곳입니다. 하지만 건물 주인은 집안에 내려오던 건물을 가능한 유지하고 싶었고 블루보틀은 오래된 건물을 소중히 여겨온 건물 주인의 생각에 공감해 이를 실현했습니다.

오래된 건물을 소중히 여겨온 건물 주인과 블루보틀 커피가 만나 실현된 이 장소는 진료소 건물의 형태 및 외벽을 그대로 남기고, 내부는 콘크리트 벽을 노출시켰습니다. 곳곳에 건물을 지을 당시 공사하는 사람들이 적어놓은 '새시 하단' '나무 3'과 같은 글자들이 그대로 드러나 있습니다.

예전부터 산겐자야 동네를 좋아했던 블루보틀의 창업자인 제임스 프리먼은 오픈 당일 이곳을 방문했다고 합니다. 당시 취재를 온 기자 한 명이 "이 매장에서 가장 좋아하는 곳은 어디인가요?"라고 묻자 건축 당시 벽에 적어놓은 글자가 그대로 드러난 곳을 가리키며 "여기요."라고 대답했다고 합니다. 그리고 이런 글자들을 지우지 말아 달라고 부탁했다고 합니다. 작은 에피소드이지만 건물의 역사를 소중히 여기는 창업자의 마인드를 엿볼 수 있습니다.

무인양품, 스타벅스, 블루보틀, 모두 통일된 콘셉트의 매장을 전국적으로 운영하는 브랜드들입니다. 하지만 이들은 최근 특정 지역에서만 만날 수 있는 매장 만들기에도 힘을 쏟고 있습니다. 지역의 색이 녹아든 지역의 문화를 담은 공간, 그 지역에서만 만날 수 있는 공간에 고객들은 발길을 옮기고 있습니다.

지역의 색이 녹아든 지역의 문화를 담은 공간, 그 지역에서
만 만날 수 있는 공간에 고객들은 발길을 옮긴다.

8장

고객과의 접점을 넓힙니다

오프라인 매장은 소형화되고 동시에 분산되어
더욱 많은 고객과 접점을 갖는 방향으로 바뀌고 있습니다.
매장은 브랜드와 제품을 알리는 광고판의 역할을 하고
고객은 오프라인에서 본 제품을 온라인으로 구입하는
소비 패턴이 자연스러워졌습니다.

◆ ◆ ◆

코로나19 팬데믹은 우리의 라이프 스타일에 큰 변화를 몰고 왔습니다. 집에서 머무는 시간이 길어지고 필요한 물건은 온라인으로 구입하는 빈도가 높아졌습니다. 팬데믹 이후 사람들이 많이 모이는 장소를 기피하는 사람들도 늘었고요. 오프라인 매장으로의 방문이 줄어드는 지금, 브랜드와 리테일러들은 고객과 만나는 기회를 더 많이 만들지 않으면 안 됩니다.

고객이 자주 지나가는 길목에 소형 매장을 만들어 브랜드와 제품을 노출합니다. 유동 인구가 많은 곳에 자판기를 설치하기도 합니다. 이러한 시도들은 모두 고객과의 접점을 넓히고 제품과 브랜드에 대한 접근성을 높이려는 전략이죠.

또한 세계에서 고령화가 가장 많이 진행된 일본에서는 거동이 불편한 고령자를 위해 이동 매장이 직접 마을을 찾아갑니다. 인구가 줄어듦에 따라 매장들이 폐점해 물건을 살 곳이 마땅치 않은 주민들을 위해 이동 트럭을 운영하며 사회 인프라의 역할도 담당하고 있습니다.

작아지고 분산되는
오프라인 매장

최근 관찰되는 리테일 트렌드 중 하나는 대형 매장 하나를 여는 것이 아니라 소형 매장을 여러 군데 분산시키는 것입니다. 온라인 쇼핑이 일상적인 소비 방식으로 정착하면서 재고를 쌓아놓는 대형 매장의 비즈니스 모델에 의문을 제기하며 매장을 작게 만듭니다. 매장의 크기를 줄이는 대신 매장의 수를 늘려 고객과의 접점을 늘립니다. 그리고 소형 매장의 주된 역할을 '물건 판매'가 아닌 '쇼핑 체험'으로 정의합니다.

대표적인 곳이 창고형 매장을 운영하는 가구 전문점 이케아 (IKEA)입니다. 이케아는 대도시에서 떨어진 외곽에 커다란 창고와 같은 매장을 만들고 다양한 가구를 전시해놓고 고객을 맞이하는 사업 모델이었습니다. 하지만 온라인으로 가구를 사는 고객들이 늘어나고 오프라인 매장을 찾는 고객들이 줄어들면서 이케아는 도심형 매장(city center store)이라는 포맷을 확대하고 있습니다.

일본 도쿄에서도 이케아의 도심형 매장을 만나볼 수 있습니다.

상. 시부야에 들어선 이케아의 도심형 매장

하. 이케아 시부야점의 1층에는 스웨덴 카페테리아와 편의점이 들
   어섰다.

2020년 6월 하라주쿠에 도심형 매장 1호점을 연 후, 2020년 12월에는 시부야에 2호점을, 2021년 5월에는 신주쿠에 3호점을 연달아 출점했습니다. 하라주쿠 매장의 면적은 2,500m²로 일본 내 가장 큰 매장인 신미사토점의 10분의 1에 불과하며, 시부야 매장의 면적은 4,800m²로 교외 매장의 5분의 1 크기입니다. 교외형 매장은 9,500종류의 제품을 전시하고 있으나 시부야 매장은 약 3천 종류, 하라주쿠 매장은 약 1천 종류의 제품을 전시하고 있는데요. 제품의 수는 적지만 고객들이 주로 찾는 인기 상품 위주로 매장을 구성하고 있습니다.

이케아만이 아닙니다. 일본의 홈퍼니싱 시장에서 매출 1위를 차지하는 '니토리(nitori)'는 이케아와 상당히 비슷한 비즈니스 모델을 가지고 있는데요. 니토리 또한 도심에서 떨어진 교외 지역에 마치 전시장 같은 대형 매장을 마련하고 다량의 가구를 판매합니다. 하지만 니토리는 일찍부터 고객들의 라이프 스타일과 소비 행동의 변화를 파악하고 매장 전략을 빠르게 바꿔 나갔습니다. 이케아가 최근 힘을 쏟고 있는 도심형 매장을 2015년부터 선보이기 시작한 것입니다.

일본은 2015년부터 이미 1인 가구가 34.6%에 도달했습니다. 전체 가구의 3분의 1 이상이 1인 가구이며, 이들은 대부분 도심에서 한 시간 이내로 통근이 가능한 위치의 작은 원룸에 살면서 유지 비용이 높은 자동차를 소유하지 않습니다. 일본자동차공업회 조사에 따르면 '자동차 구입 의사가 있다'라고 밝힌 독신 젊은이들은 12% 정도에 불과했는데요. 이렇듯 비혼율이 높은 데다 자동차도 없고 작은 원룸에 혼자서 거주하는 젊은이들은 대형 가구를 살 필요성도 느끼지 못합니다. 즉 부모와 자녀로 이루어진 가족 단위 고객이 주말에 차를 타고 교외에 위치한 대형 매장을 방문하는 풍경이 점점 사라져가고 있는 것입니다.

이러한 변화에 맞추어 니토리는 2015년 이후부터 도심 내 지하철역 근처를 중심으로 작은 규모의 매장을 적극적으로 출점하기 시작합니다. 니토리의 매장 수는 2015년 420개에서 2019년 607개로 증가했습니다. 이 중에서 1,500m² 미만의 매장은 63개에서 135개로 2배 이상 증가한 반면 6,000m² 이상의 매장은 82개에서 90개로 8개 증가하는 데 그쳤습니다.

온라인으로 쇼핑하는 사람들이 증가하며 소비자들의 구매 행동도 변화했습니다. 특히 부피가 큰 가구의 경우에는 오프라인 매장에서 둘러보고 온라인으로 주문하는 것이 더 편합니다. 니토리는 퇴근길에 매장을 방문해 실물을 확인한 후 온라인으로 구입하도록 유도합니다. 이러한 도심형 매장은 교외형 매장에 비해 효율성도 높은데요. 신주쿠에 있는 니토리 매장의 면적은 교외 매장의 4분의 1에 불과하나 매출은 교외 매장과 비슷한 수준입니다.

가구업뿐만 아니라 백화점도 비슷한 움직임을 보이고 있습니다. 일본의 백화점 미쓰코시 이세탄(Mitsukoshi Isetan)은 채산성이 맞지 않는 대형 백화점, 특히 지방의 백화점을 폐점시키는 동시에, 기존 매장의 약 10분의 1 정도에 불과한 300~600평(992~1,983m²) 면적의 소형 매장을 출점하고 있습니다. 매장에 두는 상품의 수는 종래의 백화점보다 큰 폭으로 줄이고 대신 온라인을 통해 고객과 소통하는 전략입니다. 이세탄 백화점의 CEO는 〈아사히 신문〉과의 인터뷰에서 "앞으로 40~50개의 소형 매장을 계속 낼 것입니다."라며 소형 매장에 강한 열의를 드러냈습니다.

이처럼 최근 오프라인 매장은 소형화되고 동시에 곳곳으로 분산되어 더욱 많은 고객과 접점을 갖는 방향으로 바뀌고 있습니다. 오프라인 매장은 브랜드와 제품을 알리는 광고판의 역할을 하고, 고객이 오프라인에서 본 제품을 온라인으로 구입하는 소비 패턴이 자연스러워졌습니다. 따라서 리테일 업체들도 이러한 소비 행동에 걸맞게 매장을 작게 만들면서 분산시켜 고객과의 접점을 넓히고 있습니다.

코로나19 확산으로 인해 공간을 이용하는 모습이 바뀌고 있습니다. 사무실에 모여서 일하던 사람들이 집 혹은 위성 오피스에서 일하거나, 때로는 별장에서 혹은 여행지에서 일하는 등 공간의 분산이 이루어지고 있습니다. 리테일 또한 이러한 사회적 변화에 맞추어 매장을 분산시키고 있습니다.

올 수 없다면 우리가 가자!
이동 매장

　　최근 일본에서는 다양한 산업에 걸쳐 트럭 및 버스를 이용한 이동 매장이 확산 중입니다. 특히 코로나19 확산 후 이동 슈퍼마켓이 빠르게 증가하고 있습니다. 고령화가 심각한 일본에서는 거동이 힘들어 생필품을 사거나 장을 보기 어려운 소위 '쇼핑 난민'이라 불리는 고령 인구가 증가하고 있는데요. 이 문제를 해결하기 위한 방안으로 등장한 것이 이동 슈퍼마켓입니다. 대형 슈퍼마켓인 이온과 이토요카 등도 이동 슈퍼마켓을 운영하며 산간 마을이나 고령자가 많은 지역을 순회하고 있습니다.

　　무인양품의 나오에츠 매장에서도 미니 버스를 이용한 이동 판매 트럭을 무인양품 최초로 운영하기 시작했습니다. 이동이 어려운 고령자들도 무인양품의 제품을 구입할 수 있도록 봉고 버스를 개조해 만든 '무지 투 고(MUJI to GO)'라는 버스가 조에츠시 곳곳을 달립니다. 인구 감소로 인해 활기를 잃은 지역 주민들의 생필품 구매를 돕기 위해 이동 버스

무인양품의 이동 판매 버스 '무지 투 고'
©무인양품

가 월 3~5회 정도 조에츠시와 주변 도시의 산간부 등 쇼핑 인프라가 부족한 지역을 중심으로 방문합니다.

이동 버스를 운영하면서 물건만 파는 것은 아닙니다. 나오에츠 매장의 점장은 이동 버스에 찾아온 고령 주민들의 불편함을 듣고 이를 시청이나 동사무소에 전달합니다. 특히 주변에 슈퍼마켓이 없는 고령자들은 무지의 이동 버스에 와서 식료품을 찾는 경우가 많았다고 합니다. 이를 반영해 조에츠시는 무지의 이동 버스가 모이는 곳에 이동 슈퍼마켓, 이동 베이커리 등 다른 종류의 이동 판매 버스가 모이도록 만들었습니다.

"무인양품 버스가 없어지는 것이 목표입니다. 지역이 활성화되어 무지의 버스가 올 필요가 없는 곳으로 만들고 싶습니다. 그리고 무지의 버스는 또 다른 곳에서 새로운 작은 시장을 만들고 싶습니다."

_나오에츠 매장 점장, 티비 도쿄 인터뷰

무인양품의 코난다이 버즈 매장은 또 다른 방법으로 고객들이 있는 곳으로 찾아갑니다. 무인양품 최초로 출장 판매 서비스를 시작한 것입니다. 요코하마의 노바는 오래된 아파트 단지로 주민의 반은 고령자입니다. 1인 고령자도 많고요. 게다가 단지가 언덕 위에 지어져 있어 생필품 쇼핑이 더욱 불편합니다. 무인양품은 쇼핑에 곤란을 겪는 이 지역의 인프라가 되고자 2021년 7월부터 주 1회

출장 판매를 시작했습니다. 주민들에게 필요하다고 생각한 물건들을 싣고 아파트 단지를 방문해서 단지 내에 작은 장터를 만들어 판매하는 것입니다.

출장 판매는 단지 물건을 파는 장소가 아닌 그 이상의 역할을 합니다. 매주 출장 판매를 다니다 보면 무인양품의 직원과 주민들도 낯이 익게 되어 자연스럽게 커뮤니티가 생겨납니다. 단지 내 거주 중인 한 고령자 부부는 무인양품의 수납 용품을 사러 왔다가 자연스럽게 집 안의 수납에 관해 상담합니다. 무인양품의 직원은 노부부의 고민을 듣고 집 내부의 사진을 전달받은 후 매장으로 돌아가 노부부를 위한 해결책을 동료와 함께 고민한 후에 노부부를 위한 수납 박스 등을 싣고 방문합니다. 무인양품이 마치 지역 주민의 상담소와 같은 역할을 하는 것이죠.

대형 상업 시설을 운영하는 유통업체가 직접 이동형 매장을 체계적으로 운영하기도 합니다. 일본 전국에 쇼핑몰, 아울렛과 같은 다양한 형태의 상업 시설을 운영하는 미츠이 부동산은 트럭을 이용한 이동 매장을 운영하고 있습니다.

이동 매장은 사람이 가장 많이 모이는 시간대에 따라 장소를 이동하면서 효율적으로 매출을 올릴 수 있습니다. 예를 들어 이동 파스타 전문점이라면 평일 낮에는 사무실 근처에서 영업하고 직장인들이 퇴근하는 저녁 시간에는 아파트 단지로 이동해 영업하는 식입니다. 그뿐만 아니라 지역별로 최적의 매출을 올릴 수 있는 매장을 배치하는 것도 가능합니다. 동일한 아침 시간이라도 주택가에는 베이커리와 구두 수선 서비스를 배치하고 사무실 근처에는 카페와 스무디 매장을, 휴일 아침 주택가에는 세탁 서비스와 네일 숍 등을 배치하는 것이죠.

미츠이 부동산은 일본 전 지역에 다양한 상업 시설을 개발하고 운영하면서 성별, 나이, 가족 구성, 라이프 스타일뿐만 아니라 지역과 상황에 따른 이용자의 다양한 니즈를 깊이 이해할 수 있었습니다. 이러한 노하우와 지식을 조합하면 장소, 요일, 시간대에 따라 최적화된 상품과 서비스를 준비할 수 있습니다. 이동 매장은 장소도 크게 차지하지 않고 일반 매장보다 투자 금액도 적기 때문에 테넌트 또한 출점 리스크가 낮죠. 매장이 이동하고 고객이 있는 곳으로 찾아감으로써 브랜드는 새로운 고객을 만나는 기회를, 고객은 좋은 상품과 만나는 기회를 얻습니다.

미츠이 부동산 내 비즈니스 이노베이션 추진부의 고토 씨는 "고객들의 생활권에 새로운 매장이 들어오면 생각지도 못한 상품과 만날 가능성이 커진다. 마음에 들면 실제 매장에 방문하거나 인터넷으로 사는, 방문 혹은 구매라는 다음 행동으로 이어진다. 즉 이동형 매장을 허브로 해 리얼과 디지털의 울타리를 넘는 심리스(seamless) 쇼핑을 하게 되는 것이다."라고 이동형 매장의 배경을 설명합니다.

미츠이 부동산은 이동 매장의 종류와 수를 확대할 방침이고 장기적으로는 워킹 스페이스, 호텔까지도 이동식 서비스로 운영할 계획입니다. 이에 대해 고토 씨는 "지금까지는 부동산 회사로서 움직이지 않는 장소를 빌려주었다. 이제부터는 이동 판매 차량을 리스해 이동하는 장소를 빌려줄 생각이다."라고 포부를 밝힙니다.

'인터넷 쇼핑' 혹은 '쇼핑몰에 가서 하는 쇼핑'이 아닌 '집 앞에서 하는 쇼핑'이라는 새로운 방식의 쇼핑이 등장하며 고객들에게 다가가고 있습니다.

철학은 지키되
커피는 널리 알리다

지역의 특징과 색채에 철저하게 녹아드는 공간을 만들기 때문일까요? 블루보틀은 스타벅스처럼 많은 매장을 가지고 있지 않습니다. 하지만 최근에는 더 많은 사람에게 블루보틀의 커피를 전달하려는 노력이 엿보입니다.

대표적으로 블루보틀은 '카페 스탠드(cafe stand)'라는 이름의 테이크아웃 전용 매장을 운영하고 있습니다. 블루보틀 최초로 선보인 카페 스탠드는 7.5평 정도의 작은 규모로 '만세이교(万世橋)'라는 100년 된 철도 밑 다리에 위치합니다. 붉은 벽돌이 특징인 다리의 디자인에 맞추어 내부도 붉은 벽돌로 꾸몄습니다.

또 다른 카페 스탠드는 요코하마의 '뉴우먼(NEWoMan)'이라는 상

블루보틀 카페 스탠드 만세이교

©skimA

업 시설의 1층에 들어선 작은 공간입니다. 두 매장 모두 기존의 블루보틀 매장보다 전철역과의 접근성을 높여 출퇴근길에도 블루보틀 커피를 경험할 수 있도록 합니다.

하지만 블루보틀의 매장 수를 고려하면 아직도 블루보틀 커피를 맛보지 못한 사람이 많을 것입니다. 이런 사람들을 위한 것일까요? 최근 블루보틀은 '자판기의 왕국'이라 불리는 일본에서 블루보틀 자판기인 '퀵 스탠드(quick stand)'를 다양한 곳에 설치하고 있습니다.

2022년 11월 기준 11군데에 설치된 퀵 스탠드에서는 커피 원두와 블루보틀의 캔 커피를 판매하고 있는데요. 블루보틀 재팬 홈페이지에는 퀵 스탠드와 관련해 다음과 같이 설명하고 있습니다.

"자판기에서 카페와 같이 직접 로스팅한 신선한 원두뿐만 아니라 콜드 브루 캔 커피 등 시즌에 맞춘 상품을 선보입니다. 브랜드의 신념 중 하나인 딜리셔스니스(deliciousness)를 추구하고 정성 들여 만든 상품을 단시간에 손쉽게 구입할 수 있는 장소가 되고 싶습니다."

이뿐만이 아닙니다. 블루보틀은 2021년 12월부터 2022년 2월 중순까지 기간 한정으로 시부야에 팝업 카페(POP UP CAFE)를 운영

블루보틀 자판기 '퀵 스탠드'
©BLUE BOTTLE COFFEE

했는데요.* 시부야의 바쁜 사람들이 비대면으로 주문하고 빠르게 커피를 받아볼 수 있는 무인 매장입니다. 커피의 주문은 매장 내에 설치된 키오스크에서 진행하고 주문을 받은 후 바리스타가 매장 뒤편에서 커피를 내립니다. 스페셜티 커피가 완성되면 전용 로커의 지정된 셀이 빛을 발하며 메뉴가 완료되었음을 전합니다. 고객은 영수증에 기재된 셀 번호에서 커피를 픽업해 나가면 되죠.

시부야역과 연결된 쇼핑몰의 입구에 자리한 블루보틀 팝업 스토어는 푸른색 로고가 박힌 투명한 로커만으로도 시선을 사로잡기에 충분합니다. 블루보틀 커피를 마시고 싶지만 근처에 카페가 없어 경험해보지 못한 고객 혹은 빠르게 테이크 아웃을 해서 가고 싶은 사람들을 위한 공간입니다.

• store.bluebottlecoffee.jp/blogs/blog/blue-bottle-coffee-pop-up-cafe-shibuya

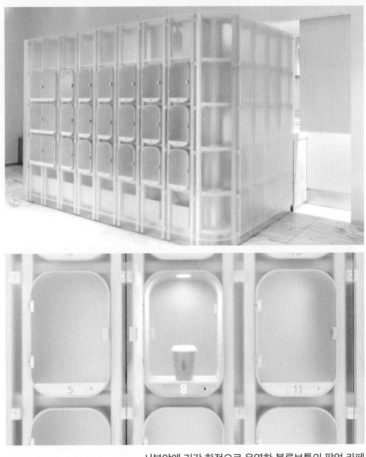

시부야에 기간 한정으로 운영한 블루보틀의 팝업 카페
©BLUE BOTTLE COFFEE

블루보틀 커피 트럭
©정희선

자판기와 팝업 카페에 이어 블루보틀은 커피 트럭까지 운영하기 시작합니다. 다음은 블루보틀 홈페이지에 실린 커피 트럭의 소개 글입니다.

"블루보틀 커피는 맛있는 커피는 인생을 더욱 아름답게 만든다고 생각하며 컵 속의 커피뿐만 아니라 커피에 관한 체험도 중시합니다. 맛있는 커피 체험을 제공하기 위해서 2022년 봄부터 커피를 즐기는 제3의 장면으로서 Coffee in Nature를 테마로, 자연이 풍부한 아웃도어 환경에서 맛있는 커피를 제공하는 '블루보틀 커피 트럭'을 운영합니다. 매일 정보가 넘쳐나고 사람들의 가치관이 빠르게 변화하는 가운데, 이러한 것들로부터 해방되어 자연 속에서 보내는 마음이 풍요로워지는 시간, 그리고 맛있는 커피를 즐기는 체험을 제안합니다."

블루보틀의 커피 트럭 1호점은 도쿄의 토요스 연안에 출점했는데요. 바닷가 앞의 탁 트인 공원에 위치해 바닷바람을 느끼면서 커피를 마실 수 있습니다. 블루보틀은 앞으로도 자연이 풍부한 지역을 중심으로 지속적으로 커피 트럭을 운영할 계획입니다.

블루보틀은 조금씩 더 고객들과의 접점을 넓혀갈 것이라고 합니다. 한국에서도 어쩌면 흰 바탕에 파란색 로고가 그려진 자판기나 커피 트럭을 만날 수 있지 않을까 기대해봅니다.

8장 고객과의 접점을 넓힙니다

9장

시간을 점유합니다

새롭게 선보인 상업 시설의 공통점 중 하나는
공원과 같은 자연과 상업 시설을 융합하는 것입니다.
고객들이 편히 쉴 수 있는 공간을 많이 만들고
체험형 점포가 들어섭니다.
공원과 쇼핑몰이 혼합된 공간에서
사람들은 편안함을 느끼고 오랜 시간 머뭅니다.

전자상거래의 가속화로 인해 '물건을 사는 장소'로서의 매력을 상실한 오프라인 리테일 공간. 특히나 온라인에서의 쇼핑을 편안하게 느끼는 소위 디지털 네이티브 세대를 어떻게 오프라인 매장에 불러올 수 있을까요?

이러한 과제를 해결하기 위한 하나의 방안으로 떠오른 키워드는 '편안함(comfort)'입니다. 유명한 브랜드나 매장을 모아서 쇼핑의 편리성을 높이거나 제품을 많이 진열해 어필하는 기존 리테일의 발상과는 접근법이 다르죠. 기분이 좋아지도록 디자인된 환경에서 개성이 강한 상점을 모아놓음으로써 사람들이 가고 싶은 장소를 만들고 사람들이 오래 머무르도록 공간을 설계하는 것입니다.

이전부터 고객들의 '시간을 점유'하기 위한 시도는 이어져 왔습니다. 커다란 쇼핑몰 내에 영화관이나 놀이 시설을 만드는 경우죠. 하지만 이 경우에도 쇼핑몰의 핵심은 소매 매장이며 그 외 시설은

부가 서비스에 불과했습니다.

하지만 이제 매장이 아닌 공원이나 퍼블릭 스페이스가 주가 되는 리테일 공간들이 등장하고 있습니다. 쇼핑의 장소가 아닌 체험의 장소, 사람이 모이는 장소를 목표로 하는 것입니다. 특히 최근에는 공원을 상업 시설의 일부로 활용하거나, 공원 내에 매장이 들어서기도 합니다. 자연에 둘러싸인 편안한 환경에서 고객들이 오래 머물도록 유도하는 공간 디자인들이 눈에 띕니다.

힐링 경험을 제시하다,
세계 최초 공원 속 블루보틀

코로나19 확산세가 멈추지 않던 2021년 4월 28일, 블루보틀 최초로 공원 내 위치한 매장이 시부야에 들어섰습니다. 기타야 공원은 전체 규모 약 290평의 아담한 크기의 공원입니다. 제가 블루보틀을 방문했을 때는 유리로 된 1층의 문을 모두 열어 놓았는데, 카페 내부와 외부가 연결되어 블루보틀 앞의 공원이 마치 카페의 전용 마당과 같은 느낌을 받았습니다.

저만 그렇게 느끼는 것은 아니었나 봅니다. 블루보틀에서 커피와 디저트를 픽업한 사람들이 공원에 앉아서 경치와 커피를 즐기고 있었습니다. 마치 공원 내 벤치가 블루보틀 카페의 좌석인 것처럼

블루보틀 커피 시부야점 외부 모습

블루보틀 커피 시부야점 내부 모습

©정희선

요. 카페 1층에 8개의 좌석이 마련되어 있지만 건물 밖의 공원에 설치된 벤치 또한 블루보틀의 일부와 같은 느낌을 주기 때문에 실제보다 더욱 넓은 공간인 것 같은 인상을 받습니다.

많은 경우 블루보틀의 매장은 시크한 이미지의 금속이나 흰색을 주로 사용한 내부 인테리어로 군더더기 없는 인상을 풍깁니다. 하지만 시부야 카페는 공원과의 조화를 염두에 두고 공원의 일부로써 녹아들도록 실내 디자인을 진행했습니다.

실외에 설치된 벤치와 동일한 나무 색상으로 좌석과 테이블을 만들었습니다. 특히 일본의 목재 가구 전문업체인 '가리모쿠'가 제작한 의자를 사용하고, 드립 커피를 내리는 공간의 커피 스탠드도

갈색 타일을 사용했습니다. 이러한 내부 인테리어는 외부의 공원과 자연스럽게 조화를 이룹니다.

왜 공원 내에 카페를 만들었을까요? 2021년에 시부야는 재개발이 한창 이루어졌는데요. 시부야 지역 재개발의 트렌드를 한 마디로 표현하자면 '공원과 상업 시설의 일치'입니다.

이는 최근 오프라인 리테일 트렌드 중 하나인 '리테일 테라피', 즉 휴식을 취하고 힐링을 하는 역할로서의 리테일 공간을 제공하는 것과 비슷한 맥락입니다. 한국에서 화제가 된 새로운 상업 시설인 '더현대 서울'이 공간의 절반가량을 실내 조경이나 휴식 공간으로 꾸민 것처럼 일본에서도 자연을 느낄 수 있는 리테일 공간이 점점 많아지고 있습니다.

블루보틀 시부야점은 이러한 시부야의 오프라인 공간 트렌드와 흐름을 같이합니다. 고객들이 편안하게 자연을 느끼며 힐링하면서 커피를 마실 수 있는 공간을 만든 것입니다.

공원과 상업 시설이
만나다

공원과 상업 시설이 만난 대표적인 예는 미츠이 부동산이 개발한 시부야의 레이야드 미야시타 파크(RAYARD MIYASHITA PARK)와 나고야의 레이야드 히사야오도리 파크(RAYARD Hisaya-odori Park)입니다.

시부야의 새로운 명소가 된 레이야드 미야시타 파크는 2020년 7월에 문을 열었는데요. 4층으로 만든 상업 시설은 전체적으로 녹색으로 둘러싸여 있는 구조로 설계되었습니다. 최상층인 4층 옥상에는 10,740m² 규모에 달하는 잔디밭을 만들어 도심 속에서도 쉴 수 있는 공간을 제공합니다.

옥상의 공원은 상업 시설의 이름이기도 한 '미야시타 파크'로 1966년부터 존재하던 공원인데, 이 주변을 재개발하면서 기존의 공원을 십분 활용했습니다. 비치 발리볼을 즐길 수 있는 선 코트, 스케이트보드와 인라인스케이트를 즐길 수 있는 스케이트장, 클라이밍을 할 수 있는 볼더링과 같은 시설을 마련했고, 곳곳에 벤치를 설치해 정원을 만끽할 수 있도록 만들었습니다.

그뿐만 아니라 2~3층의 쇼핑몰 또한 벽을 없애 바깥의 풍경과 나무가 눈에 들어오도록 설계했는데요. 이를 통해 상업 시설의 내부와 외부가 단절되지 않고 일체화된 모습을 보입니다.

단지 자연을 느낄 수 있는 디자인을 특징으로 하는 것만은 아닙니다. 공원과 일체화된 상업 시설이라는 콘셉트에 더해 시설 내에 들어서는 테넌트에도 공을 들였습니다. 예를 들어 루이비통은 세계 최초로 남성 전문 매장을 레이야드 미야시타 파크에 열었습니다. 뉴욕의 인기 슈즈 셀렉트 숍인 키스(KITH)도 일본 최초로 자리를 잡았고요. 이렇게 화제성을 불러일으키는 매장들은 레이야드 미야시

레이야드 미야시타 파크 옥상에
만든 잔디밭

©미야시타 파크

타 파크를 방문할 유인을 제공합니다. 그리고 공원과 상업 시설이 혼합된 공간에서 고객들은 편안한 시간을 보냅니다.

미츠이 부동산이 개발한 또 다른 상업 시설인 레이야드 히사야 오도리 파크 또한 그 이름에서 짐작할 수 있듯이 공원을 중심으로 만들어진 상업 공간입니다. 대형 잔디 광장과 여유롭게 걸을 수 있는 산책로가 상업 시설의 핵심이 되고 있습니다.

잔디 광장을 중심으로 카페나 음식점, 매장이 둘러싸고 있는데요. 이들 또한 공간 디자인을 중시한 카페나 체험형 매장이 다수입니다. 예를 들어 테넌트 중 하나인 스노우피크는 단지 스노우피크의 제품만을 판매하는 것은 아닙니다. 1층에는 스노우피크 잇(Snow Peak EAT)이라는 레스토랑에서 캠핑 요리를 맛볼 수 있습니다. 물론 스노우피크의 캠핑 의자와 테이블 등에 앉아서요. 이뿐만 아니라 스노우피크가 운영하는 공유 오피스인 캠핑 오피스 오소토(Camping Office Osoto)도 들어섰습니다.

레이야드 히사야오도리 파크의 방문객은 공원에서 쉬다가 개성 강한 음식점이나 카페를 돌아보고 밤이 되면 나고야의 랜드마크인 TV탑의 조명등이 밝혀지는 것을 감상합니다. 이곳은 단순한 상업 시설을 넘어 나고야 지역 주민들의 쉬는 장소가 되고 있습니다.

도쿄의 교외 지역인 타치가와에 들어선 새로운 상업 시설인 그린 스프링(GREEN SPRING)도 비슷한 콘셉트입니다. 약 4만m²에 이르는 광대한 부지의 중앙에 약 1만m² 규모의 광장과 500그루의 나무를 심었습니다.

"고객들이 머물고 싶은 기분 좋은 환경을 만들기 위해서 쇼핑몰 구역 안에도 녹색 자연과 물을 충분히 배치하는 것이 필요하다고 생각했습니다."

_그린 스프링의 전략기획 본부장, 닛케이 인터뷰

공원을 둘러싼 상업 시설은 2층 건물로 만들어졌는데요. 수익성을 생각하면 층을 더 높이 만드는 것이 좋으나 굳이 그렇게 하지 않았다고 합니다. 층을 쌓으면 쌓을수록 공기가 잘 통하지 않고 하늘을 보기도 힘들어지기 때문입니다. 타치가와역 앞에 이미 상업 시설이 집중되어 있기에 필요한 물건을 구입하고자 하는 고객들의 니

그린 스프링은 상업 시설이라기보다 공원에 가까울 정도로 풍부한 녹지를 자랑한다.

©그린 스프링

즈는 이미 충족되어 있다고 봅니다. 따라서 그린 스프링 내에 들어선 세입자들은 음식점이나 체험형 매장이 중심이 되고 있습니다.

상업 시설뿐만 아니라 부지 내에는 엔터테인먼트 홀인 '타치카와 스테이지 가든(TACHIKAWA STAGE GARDEN)'과 옥상에 있는 풀이 인상적인 '소라노 호텔(SORANO Hotel)'도 들어섰습니다. 수익만을 목적으로 한다면 엔터테인먼트 홀을 만드는 것도 효율적이지 않습니다. 하지만 그린 스프링은 단순한 상업 시설을 넘어 엔터테인먼트나 문화를 만드는 데 일조하고자 합니다.

부지 내 들어선 호텔은 그린 스프링을 목적지로 유유히 시간을 보내고자 하는 사람들이 편하게 머무를 수 있는 시설입니다. 소라노 호텔의 캐치프레이즈 또한 '웰빙 숏 트립(well-being short trip)'인데요. 타치가와역은 도쿄의 신주쿠역에서 30분 거리에 위치해, 도심에서 가깝지만 동시에 근교로 여행하는 느낌을 줄 수 있는 곳입니다. 즉 그린 스프링 자체가 목적지가 되어 짧은 여행하는 기분으로 타치가와를 방문해 자연에 둘러싸인 곳에서 기분 좋게 머무는 것, 이것이 그린 스프링이 제공하는 체험입니다.

호텔 디자인에도 신경을 썼는데요. 천연 온천을 끌어올려 옥상인 11층에 길이 60m의 인피니티 스파를 설치했고, 10층에도 사우나와 온천 시설을 마련했습니다.

지금까지 말한 상업 시설들의 특징은 상업 시설과 공원을 일체화했다는 것입니다. 많은 경우 호텔도 함께 들어서 있어 하루 정도

소라노 호텔
©soranohotel.com

묵으면서 레스토랑이나 카페, 체험형 매장을 탐색하는 것이 가능합니다. 공원을 핵심으로 해서 사람들이 오고 싶어하는 큰 퍼블릭 스페이스를 만들고 공간 디자인을 중시한 음식점이나 체험형 시설을 조합합니다. 사람들이 오고 싶어하는 곳, 시간을 보내고 싶은 곳을 만드는 것입니다.

10장

시대에 맞춰 변화합니다

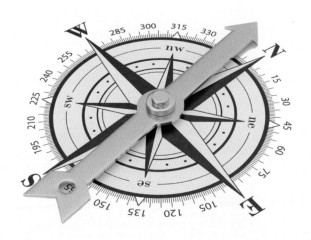

시대가 변함에 따라 소비자가 추구하는
가치와 소비 행태는 변합니다.
리테일 또한 새로운 가치관과 행동을 관찰하고
이에 걸맞은 공간을 선보입니다.
소비자들은 브랜드에 대해 긍정적인 이미지를 가지게 됩니다.

친환경, SDGs(Sustainable Development Goals, 지속 가능 발전 목표), 지역 재생, 워케이션… 최근 화두가 되고 있는 키워드들입니다. 시대가 변함에 따라 소비자가 추구하는 가치와 소비 행태도 변화하기 마련입니다. 이에 따라 리테일과 오프라인 공간도 변화하지 않으면 안 될 것입니다.

소비자들이 새롭게 추구하는 가치관과 행동을 관찰하고 이에 걸맞은 공간을 선보임으로써 소비자들은 브랜드에 대해 긍정적인 이미지를 가지게 되고, 이는 결국 집객으로 이어집니다. 특히 최근 Z세대는 기업이 추구하는 가치관과 행보에 많은 관심을 보이며 사회에 긍정적인 영향을 미치는 브랜드와 기업의 제품과 서비스를 적극적으로 구매합니다.

시대의 화두에 맞게 오프라인 공간을 선보이는 기업의 행보 뒤에는 시대에 발맞추어 나아가는 철학이 존재합니다. 앞서 소개한 브랜드 중에서도 특히 스타벅스와 무인양품의 움직임이 돋보이는데요. 이들은 시대가 요구하는 바를 어떻게 매장에 담아내고 있을까요?

코로나19 시대의 새로운 매장,
스타벅스

스타벅스는 애프터 코로나19를 염두에 둔 새로운 규격의 매장을 개발했는데요. 그 1호점이 2021년 8월 4일 도쿄 토요시마구에 문을 연 'JR 동일본 호텔 메츠 메지로점'입니다.

이 매장의 키워드는 '플렉서블(flexible)'입니다. 이곳은 다양한 속성과 니즈를 가진 사람이 방문하는 곳입니다. 호텔 로비가 있는 층에 위치해 숙박객이 아침에 조식으로 이용하기도 하고, 인근에 사는 시니어층이나 자녀 동반 세대가 휴식을 취하기 위해 이용하기도 합니다. 게다가 주변에는 대학이 있어 학생들이 통학 도중 들르는 일도 많습니다. 역과도 직결되어 있어 역 이용자가 약속 전 빈 시간을 활용하기 위해 들르기도 합니다. 즉 이곳은 시간대에 따라 방문하는 고객층과 고객들이 스타벅스를 사용하는 방법이 크게 달라지는 곳입니다.

그래서 이 매장은 시간대나 상황에 따라서 의자와 테이블의 배치를 자유롭게 바꿀 수 있는 '가변형 레이아웃'을 활용해 디자인했습니다. 일반적인 스타벅스에는 1~2명이 앉을 수 있는 기본 테이블, 그리고 PC 작업을 하는 사람들을 위한 대형 테이블을 배치하는 것이 정석입니다.

하지만 이곳에서는 대형 테이블을 줄이고 의자의 수나 위치를 변경함으로써 상황에 따라 레이아웃을 바꿀 수 있도록 만들었습니다. 예를 들어 그룹 고객의 이용이 많을 때는 책상과 의자를 결합하거나 이동해서 각 그룹의 목적에 맞도록 공간을 만듭니다. 중앙의 라운지 구역에는 콤팩트한 크기의 의자를 여러 개 배치해, 1~2인이 이용하든 여러 명의 그룹이 이용하든 의자의 방향을 조정함으로써 그룹별로 공간을 창출하기가 쉽게 만들었습니다.

이렇듯 방문객의 특성에 따라 유연하게 공간을 활용할 수 있는 매장을 만든 이유는 단지 다양한 고객이 방문하기 때문만은 아닙니다. 코로나19가 확산되면서 거리를 유지하고 싶은 사람들을 고려한 설계이기도 하죠.

"코로나19 시대에 거리를 유지하기 쉬운 배치를 의식하면서, 동시에 애프터 코로나19에 있어 다양한 고객의 이용 니즈에 딱 맞을 수 있는 매장 만들기에 도전하고 있습니다."

_스타벅스 매장설계부 리전디자인 그룹, 닛케이 인터뷰

코로나19 팬데믹에 대한 스타벅스의 대응은 이뿐만이 아닙니다. 코로나19 이후 리모트 근무가 늘면서 집이나 그 주변 카페에서 업무를 보는 사람들이 많아졌습니다. 코로나19 이전부터 "세계 최대의 공유 오피스는 위워크(We Work)가 아니라 스타벅스"라는 말이 있을 정도로 스타벅스를 사무실 삼아 일하는 사람들이 많습니다. 스타벅스에 흐르는 음악, 적당한 백색소음과 기분 좋은 커피 향이 사무실에서는 느낄 수 없는 또 다른 감성을 만들어 업무에 집중하도록 도와줍니다.

하지만 가끔은 주변의 소음으로 인해 온라인 회의를 하기 힘들거나 많은 사람이 모여서 회의를 진행하기에는 공간이 여의치 않은 때도 있죠. 이러한 니즈에 착안해 스타벅스 재팬은 2020년 7월 안경 제조사인 진스(JINS)와 컬래버레이션해 새로운 스타일의 매장인 '스타벅스 서클즈(CIRCLES) 긴자점'을 열었습니다.

갑자기 안경 제조회사와의 컬래버라니 의아한 생각이 듭니다. 안경 제조사 진스는 집중력 측정이 가능한 안경형 디바이스의 개발을 위해 인간의 집중력에 관한 연구를 진행해왔습니다. 그 연구 결과를 활용해 '세상에서 가장 집중할 수 있는 장소'를 콘셉트로 한 싱크랩(THINK LAB)이라는 이름의 워킹 스페이스를 2017년부터 운영하고 있습니다. 싱크랩은 철저한 연구에 기반해 설계된 공간으로 집중력을 높일 수 있도록 자연음을 배경음악으로 사용하고, 곳곳에 식물을 배치하며 향기, 기온, 습도 등을 조절합니다.

스타벅스 매장 내에 들어선 공유
오피스 '싱크랩'
©싱크랩(thinklab.jins.com)

　스타벅스는 싱크랩의 공간 구성을 매장에 도입했습니다. 스타벅스 서클즈 긴자점 안에 마련된 별도의 문으로 들어가면 17석의 좌석이 마련된 싱크랩이 있습니다. 이용료는 15분에 300엔, 1시간에 1,200엔, 3시간에 2천 엔의 별도 요금을 지불해야 합니다.

　하지만 이런 유료 공간만 있는 것은 아닙니다. 스타벅스 서클즈 긴자점은 '일하는 사람을 위한 스타벅스'라는 콘셉트에 걸맞게 전체 공간을 일하는 사람들을 위해 구성했습니다. 칸막이가 설치된 부스 형태의 좌석은 소음을 어느 정도 차단해주며, 앱으로 자리를 예약할 수도 있기 때문에 화상회의를 하고 싶은 사람에게 적합합니다. 이뿐만 아니라 2~12명 정도가 함께 일하는 것도 가능한 스마트 라운지(Smart Lounge)는 단체 회의에 유용합니다. 일반 매장에 비해서 1인용 좌석을 많이 만들어놓았고 좌석별로 콘센트와 충전단자

10장 시대에 맞춰 변화합니다

스타벅스 서클즈 긴자점 내의 예
약이 가능한 부스형 좌석
ⓒ정희선

가 설치되어 있어 장시간 업무를 보기에도 좋습니다.

진스의 CEO는 한 매체와의 인터뷰에서 "공간의 질을 높이는 것
은 이제부터 매우 중요한 과제다."라며 싱크랩을 운영하게 된 계기
를 설명합니다. 스타벅스 재팬의 CEO 또한 "우리는 사람들이 시간
을 보내는 공간을 만드는 회사다. 싱크랩이라는 공간은 일하는 사
람들이 시간을 보내는 장소다."라며 싱크랩과 협업하게 된 계기를
전합니다. 또한 그는 "일하는 방식이 다양화되고 있다. 오피스에 가
지 않아도 되며 다양한 장소에서 일한다. 이곳에 비즈니스 기회가
있다고 생각한다."라고 덧붙였습니다.

싱크랩과 협업해 만든 새로운 형태의 스타벅스는 원래 코로나19
이전부터 기획하던 장소라고 합니다. 코로나19를 의식하고 만든
공간은 아니지만 코로나19로 인해 수요가 더 높아진 것은 확실합

니다. 오피스가 없어질 것이라 예견하는 사람들도 있지만 창의력을 높일 수 있도록 잘 설계된 공간에 대한 니즈는 오히려 커질 것입니다.

"코로나19의 영향으로 일하는 장소 및 시간을 개인이 정하게 되었습니다. 단지 일하는 사람뿐만 아니라 많은 사람이 책을 읽거나 공부하는 장소로도 사용하면 좋겠습니다. 고객 각자의 라이프 스타일의 폭을 넓히는 제안을 하고 싶습니다."

_스타벅스 재팬 CEO, 티비 도쿄 인터뷰

사회적 약자를 위한
공간을 만드는 스타벅스

"지역의 행복과 번영 없이는 스타벅스의 성공도 없다."

소비자들은 사회에 공헌하거나 친환경 활동을 하는 브랜드에 긍정적인 이미지를 가집니다. 이 때문에 기업에게 기업의 사회적 책임(Corporate Social Responsibility, CSR) 활동이 점점 중요시되고 있습니다.

스타벅스 재팬 또한 지역사회의 문제점을 해결하는 데 일조하고 있습니다. 앞서 소개한 지역 문화를 알리는 리저널 랜드마크 스토어도 지역사회에 공헌하는 활동이라고 볼 수 있습니다. 지역의 특색을 살린 세상에서 하나뿐인 스타벅스에는 많은 사람이 방문하고 이는 자연스럽게 지역 경제 활성화로 연결되기 때문입니다.

그뿐만 아니라 스타벅스는 적극적으로 사회 문제를 해결하는 데 공헌하고 있습니다. 초고령화 사회인 일본에서는 치매 환자의 증가가 큰 사회적 문제 중 하나입니다. 일본 후생노동성은 2025년이 되면 치매 고령자가 약 700만 명에 이를 것으로 예측합니다. 치매는 당사자뿐만 아니라 중증으로 발전하게 되면 가족들의 부담이 큰 병이기 때문에 일본 정부는 치매 문제를 해결하기 위해 다양한 대책을 시행 중입니다.

그중 하나는 치매 카페(Dementia 카페, 줄여서 D 카페라고 부릅니다)의 운영입니다. 치매 카페란 치매 환자와 가족들이 모여서 차와 간단한 식사를 하면서 편하게 고민을 나누는 치매 환자들의 모임을 의미합니다. 유럽에서 먼저 확산되었으며 2016년부터 일본 정부가 적극적으로 시행하고 있는데, 보통 치매 카페는 지역의 커피숍이나 공공 기관의 장소를 빌려서 개최됩니다.

스타벅스는 2016년부터 고령자가 많은 도쿄 마치다시에서 치매 카페 운영에 협력하고 있습니다. 8곳의 스타벅스가 순번을 정해 매달 한 번씩 치매 환자들을 위해 공간을 개방합니다.

"마치다시에 치매로 고민하는 분이나 가족이 많습니다. 그 가운데 스타벅스가 할 수 있는 일을 생각했을 때 누구나 부담 없이 들를 수 있는 장소, 음악이 있는 카페가 있다면 치매 환자와 그 가족들이 더 쉽게 이야기할 수 있지 않을까 하는 발상이 있었습니다."

_우메우치, 중일본 영업본부 본부장, ASCII 인터뷰

지역 공헌을 지향하는 매장은 지역이 안고 있는 문제에 따라 그 모습을 달리합니다.

2020년 6월에 문을 연 노노와 국립(nonowa 国立)점은 청각 장애인을 위해 매장 내 모든 서비스를 수화로 이용할 수 있는 사이닝 스토어(Signing store)입니다. 스타벅스는 2016년 7월, 세계 최초로 말레이시아 쿠알라룸푸르에 사이닝 스토어를 연 이후 말레이시아에 추가 1개 매장, 미국과 중국에 각각 1개의 매장, 그리고 2020년 6월에 도쿄 구니타치에 다섯 번째 사이닝 스토어를 열었습니다.

매장의 간판은 손가락 문자로 표현된 사인이 디자인되어 있으며, 직원 25명 중 19명이 청각 장애인입니다. 청각 장애가 있는 사람들이 편안하게 들러 눈치 보지 않고 커피를 주문하고 쉴 수 있는 공간입니다.

"들리는 사람들도 들리지 않는 사람들도 모두가 함께 편하게 커피를 즐길 수 있게 되면 좋겠습니다."

_오츠카, 스타벅스 사원, 온라인 기자회견

스타벅스 사이닝 스토어

©스타벅스

사이닝 스토어는 청각 장애인을 위한 학교 앞에 위치해 스타벅스 앞 버스 정류장에 아침에 줄 지어 선 어린이들은 자연스럽게 수화로 일하는 직원들을 보게 됩니다. 장애가 있는 한 어린이의 어머니는 "스타벅스의 직원들이 수화로 일하는 모습을 보고 내 자녀가 용기를 가지면 좋겠다."라며 기뻐합니다.

사이닝 스토어는 단지 장애가 있는 고객만을 위한 곳은 아닙니다. 스타벅스 재팬에는 장애가 있는 직원이 약 370명 정도 있고, 그중 청각 장애인 파트너가 65명입니다. 사이닝 스토어를 열기 전에도 일반 매장에 한 명 정도는 청각 장애가 있는 직원이 일하는 곳이 있었습니다. 하지만 이 경우에는 청각 장애가 있는 직원이 자신의 언어인 수화로 이야기할 상대가 없습니다. 수화를 배운 동료 직원이 말을 걸기도 하지만 상대는 수화가 네이티브가 아니기 때문에 좀처럼 원활하게 커뮤니케이션이 이루어지지 않았습니다. 하지만 사이닝 스토어에서는 수화로 이야기하는 동료가 많기 때문에 직원들의 커뮤니케이션이 원활하게 진행되고 직원들도 업무에 열의를 보입니다.

치매 카페, 사이닝 스토어의 공통점은 치매 환자나 청각 장애인만을 위한 공간이 아니라는 것입니다. 일반인들도 함께 이용하며 치매 환자와 청각 장애인에 대한 이해를 높일 수 있습니다.

스타벅스는 리모트 워크 확산이라는 생활 양식의 변화를 관찰합니다. 편안하게 업무에 집중하는 시간을 보내고 싶다는 고객들의 의견에 귀를 기울입니다.

스타벅스는 지역의 문화를 알리거나 지역의 문제점을 해결하는 데 앞장섭니다. 시대의 흐름을 읽고, 고객의 목소리를 반영하고, 다른 기업들과 긴밀하게 협업할 뿐만 아니라 지역사회와도 밀착해 다양한 공간으로 변신하고 있습니다.

사회에 공헌하는 무인양품의 소셜 굿 사업

'소셜 굿(Social Good)'은 환경이나 지역 커뮤니티 등 사회에 긍정적인 영향을 미치는 활동이나 제품, 서비스 등을 일컫는 말입니다. 2016년 2월, 무인양품에는 '소셜 굿'이라는 이름의 사업부가 탄생했습니다. 소셜 굿 사업부는 일본 사회의 커다란 문제점인 지방 경제 쇠락을 해결하겠다는 목표로 발족한 부서입니다.

소셜 굿 사업부장은 〈닛케이 신문〉과의 인터뷰에서 다음과 같은 우려감을 보인 적이 있습니다.

> "해외에서 생산한 상품을 매장에서 파는 것만으로 지역사회에 어떤 공헌이 되는가? 매장 직원의 고용뿐입니다."

일본은 인구가 감소하고 지역 경제가 활기를 잃어가고 있습니다. 아무리 집객을 열심히 해도 무인양품의 물건을 사줄 사람이 줄어들면 자연스럽게 비즈니스도 축소됩니다. 물론 해외시장에도 적극적으로 진출하지만 무인양품은 지방 도시들이 쇠락하고 자금이 순환되지 않으면 사회의 지속적인 성장이 어렵다고 봅니다. 무인양품은 '지역 토착화'를 목표로 지역경제 활성화와 관련한 활동들에 매우 적극적으로 임하고 있습니다.

그 일환으로 무인양품은 젊은이들이 도시로 떠나고 인구가 감소해 거의 대부분의 가게가 문을 닫은 사가타 지역의 상점가에 있는 빈 점포를 빌려서 팝업 스토어를 열었습니다. 사람이 많이 모이는 곳에 매장을 여는 것이 당연한 시대에 이렇게 인구가 감소하는 곳에 일부러 매장을 내면 수익이 날까 자연스럽게 걱정이 되지만 무인양품은 이렇게 설명합니다.

"팝업 스토어도 사업이기에 수익에 관해 신경 쓰고 있습니다. 하지만 사카타의 팝업 스토어는 단지 높은 이익을 내는 것만으로 평가하지 않습니다. (무인양품 매장으로 인해) 상점가에 방문하는 사람들의 수가 늘었는지, (방문자 증가에 의해) 상점가에 문을 닫는 매장의 수가 더 이상 늘어나지 않는지와 같은 척도도 평가합니다."

_무인양품 소셜 굿 사업부장, 닛케이 인터뷰

또한 무인양품은 시대의 흐름에 귀를 기울입니다. 최근 전 세계적으로 불고 있는 지속 가능 경영에 대한 높은 관심은 일본에서도 마찬가지입니다. 특히 젊은 세대를 중심으로 지속 가능성과 친환경에의 관심이 계속 높아지고 있습니다.

무인양품은 이러한 시대적 흐름에 맞추어 친환경 활동 또한 적극적으로 임합니다. 대표적인 예는 판매하는 차와 음료의 용기를 전부 플라스틱이 아닌 캔으로 바꾼 것입니다. 플라스틱보다 캔이 환경에 이로울 뿐만 아니라, 캔 음료가 유통기한도 더 길기 때문에 버려지는 상품을 줄이는 데도 공헌합니다.

최근 힘을 쏟는 또 다른 활동은 소비자가 필요한 만큼만 구입할 수 있는 '정량 판매제'입니다. 커피콩, 말린 과일, 견과류 등 약 50종류의 식품뿐만 아니라 세제도 원하는 양만큼 저울에 달아서 살 수 있습니다. 심지어 아리아케 매장에서는 머플러까지도 원하는 길이만큼 잘라서 구입하는 것이 가능합니다. 이러한 정량 판매제는 환경에 관심이 많은 인근 주민들로부터 좋은 반응을 얻고 있습니다.

"식품의 중량 판매는 환경 문제의 대처로서 시작했습니다. 먹는 양이나 쓰는 양은 사람마다 그때 그때 다릅니다. 무인양품은 필요 이상으로 물건을 가지지 않는 컴팩트한 라이프를 제안합니다."

_무인양품 아리아케 점장, 닛케이 인터뷰

상. 무인양품 아리아케 매장의 일부 식품을 정량 판매하고 있다.

하. 무인양품 아리아케 매장에서는 머플러도 원하는 길이만큼 잘라서 구입할 수 있다.

©정희선

2021년 9월 11일, 무인양품은 신주쿠 매장 중 한 곳을 리뉴얼해 환경이나 사회 과제 해결에 공헌하는 서비스나 상품에 특화된 매장으로 만들었습니다. 매장을 들어서면 곳곳에 '재염색한 옷' '재세탁한 옷' '연결된 옷'이라고 적힌 팻말이 보입니다. 모두 무인양품에서 한 번 판매한 의류를 매장에서 회수해 각각의 상태에 맞추어 다시 판매할 수 있도록 만든 옷들입니다. 고객들이 불필요하다고 버린 옷 중에서 아직 사용할 만한 옷이 꽤 된다고 합니다.

조금 더 자세히 어떻게 옷을 재활용하는지 살펴보겠습니다. 우선 상태가 좋은 옷은 깨끗하게 세탁하는 것만으로도 판매할 수 있다고 해요. 그리고 '재염색한 옷'은 염색을 하기 전에 예비 세탁을 한 다음 남색이나 검은색으로 염색함으로써 옷의 색상을 바꿉니다. 이 과정에서 의문이 듭니다. 천을 염색하는 데는 대량의 물이 사용되는 것으로 알고 있는데, 이 문제는 어떻게 해결할까요? 무인양품은 물 재활용 설비가 수도국과 비슷한 수준인 협력처에서 염색함으로써 환경에 끼치는 영향을 최소화하고 있습니다. '연결되는 옷'은 두 장의 셔츠를 다시 재단하고 봉제해 연결시켜 새로운 디자인으로 만드는 것입니다. 원래 두 옷 모두 무인양품이 디자인한 상품이기에 이어 붙이기가 수월하다고 합니다.

재염색한 옷은 전 품목 1,990엔, 재세탁한 옷은 셔츠의 경우 990엔, 그리고 연결된 옷은 3,990엔에 판매되고 있습니다. 연결된 옷은 수작업으로 진행하기에 시간과 노력이 들어 가격이 제일 높게 책정되어 있지만 만들 수 있는 수량이 한정되어 있어 입고되면 바로 팔릴 정도로 인기가 좋다고 합니다.

이곳에서는 옷뿐만 아니라 중고서점인 '밸류 북스'와 제휴해 헌책을 판매합니다. 무인양품은 앞으로도 중고 책과 리사이클 의류품의 판매를 적극적으로 늘릴 계획이라고 합니다.

무인양품은 1980년 당시 환경과 사회를 고려한 상품을 만들기 시작하면서 탄생한 브랜드입니다. 무인양품은 시대가 변화한 만큼 자신들의 존재 이유 또한 새롭게 정의되어야 한다고 생각합니다.

무인양품이 '제2의 창업'을 선언하며 재정의한 미션은 크게 2가지입니다. 첫째는 고객의 일상생활을 뒷받침하는 상품이나 서비스를 제공하는 것, 둘째는 지역사회를 활성화시키고 지역 발전에 기여하는 것입니다. 지역과 사회에 공헌하면서 동시에 수익도 내는 것, 무인양품은 일본 전국의 마을에서 이러한 미션을 실행하고 있습니다.

지금까지 최근 변화된 도쿄의 리테일 신(scene)을 둘러보며 유통의 트렌드를 살펴보았습니다. 트렌드(trend)는 '사람들이 행동하는 방식이나 상황이 전반적으로 발전하거나 변하는 것'을 의미합니다. 단어가 의미하는 그대로 트렌드는 항상 변화합니다.

책에서 소개한 리테일과 공간들 또한 계속해서 변화하고 진화할 것입니다. 그 와중에 자취를 감추는 곳들도 생길지 모릅니다. 그렇기에 우리가 관심을 가져야 할 것은 매장의 모습 그 자체뿐만 아니라 그러한 매장을 만들게 된 배경, 그러한 공간을 설계한 이유일 것입니다.

리테일 매장이 왜 새로운 모습을 가지게 되었는지, 그 공간을 기획하고 설계하게 된 과정을 상상해보고 이유를 이해하기 위해 노력하다 보면 자연스럽게 지금의 리테일 트렌드를 읽을 수 있을 것입니다. 그리고 리테일러들의 시도 뒤에 숨겨진 소비자들의 행동 및 가치관의 변화를 읽을 수 있다면 비록 공간은 사라지더라도 이곳에서 얻은 인사이트는 독자 여러분들의 머릿속에 남을 것입니다.

책을 통해 접한 리테일 트렌드를 도쿄뿐만 아니라 한국, 그리고 세계의 다른 도시들에서 찾아 비교해보는 것도 흥미로운 일이 될 것입니다. 대표적으로 '물건을 팔지 않는' 체험형 매장은 한국, 중국, 미국 등 다양한 국가에서 다양한 브랜드가 시도하고 있으니까요. 또한 책에서 제시한 10가지 테마뿐만 아니라 자신만의 관점으로 새로운 트렌드와 테마를 발견해보는 것은 어떨까요?

여러분 각자가 다양한 도시에서 새롭게 발견한 리테일과 공간의 이야기를 가지고 도쿄를 방문해주세요. 도쿄로의 여행이 더욱 즐거워질 것입니다.

비즈니스 환경과 소비자가 급변하는 시대, 오프라인 공간의 변화는 선택이 아닌 필수다.

『도쿄 리테일 트렌드』가 다녀온 곳

1장 물건이 아닌 체험을 팝니다

시세이도 글로벌 플래그십 스토어(SHISEIDO GLOBAL FLAGSHIP STORE)
3-3-14 Ginza, Chuo City, Tokyo

메종 코세(Maison KOSÉ)
7-10-1 Ginza, Chuo City, Tokyo

유니클로 긴자(UNIQLO GINZA)
6-9-51 Ginza, Chuo City, Tokyo

유니클로 도쿄(UNIQLO TOKYO)
3-2-12 Ginza, Chuo City, Tokyo

스노우피크 랜드스테이션 하쿠바(Snow Peak LANDSTATION HAKUBA)
5497 Hokujo, Hakuba, Kitaazumi District, Nagano

스노우피크 랜드스테이션 교토 아라시마야(Snow Peak LANDSTATION KYOTO ARASHIMAYA)
7, Sagatenryuji Imahoricho, Ukyo Ward, Kyoto

2장 물건이 아닌 공간을 팝니다

츄스베이스시부야(CHOOSE BASE SHIBUYA)
Parking Building, 21-1, Udagawacho, Shibuya City, Tokyo

아스미세(asumise, 明日見世)
4F, Daimaru Department, 1-9-1, Marunouchi, Chiyoda City, Tokyo

미츠스토어(Meetz STORE)
2F, Takashimaya Shinjuku, 5-24-2, Sendagaya, Shibuya City, Tokyo

3장 물건이 아닌 데이터를 팝니다

베타 도쿄 유락초(b8ta Tokyo - Yurakucho)
Yurakucho Denki Building, 1-7-1, Yurakucho, Chiyoda City, Tokyo

베타 도쿄 시부야(b8ta Tokyo - Shibuya)
1-14-11, Shibuya, Shibuya City, Tokyo

베타 코시가야 레이크타운(b8ta Koshigaya Laketown)
Kaze 2F, 4-2-2, Lake Town, Koshigaya, Saitama

후타고타마가와 츠타야 가전(Futakotamagawa Tsutaya Electrics)
Futako Tamagawa Rise Shopping Center Terrace Market, 1-14-1,
Tamagawa, Setagaya City, Tokyo

에이즐림 커넥티드 카페(AZLIM CONNECTED CAFÉ)
2-2-1, Dogenzaka, Shibuya City, Tokyo (시부야역과 연결된 지하도에 위치)

4장 온라인과 오프라인이 만납니다

유니클로 하라주쿠(UNIQLO Harajuku)
1F, WITH HARAJUKU, 1-14-30, Jingumae, Shibuya City, Tokyo

온워드 크로젯 스토어(Onward Crosset Store)
Lalaport Tokyo Bay South hall 1F, 2-1-1, Funabashi, Hamacho, Chiba

닷에스티 스토어(.ST Store)
Lalaport Tokyo Bay North hall 2F, 2-1-1, Funabashi, Hamacho, Chiba

『도쿄 리테일 트렌드』가 다녀온 곳

5장 방문의 이유를 만듭니다

무인양품 이온몰 사카이 키타하네다(MUJI AEON MALL SAKAI KITAHANADA)
Aeon Mall Sakai Kitahanada, 4-1-12, Higashiasakayamacho, Kita Ward, Sakai, Osaka

무인양품 긴자(MUJI GINZA)
3-5-6, Ginza, Chuo City, Tokyo

무인양품 요코하마 코난다이 버즈(MUJI KONANDAI BIRDS)
3-1-3, Konandai, Konan Ward, Yokohama, Kanagawa

무인양품 아리아케(MUJI Tokyo Ariake)
2-1-7, Ariake Garden, Ariake, Koto City, Tokyo

6장 사람이 모이는 공간을 만듭니다

다이칸야마 T-SITE(Daikanyama T-SITE)
16-15 Sarugakucho, Shibuya City, Tokyo

쇼난 T-SITE(Shonan T-SITE)
6-20-1 Tsujido Motomachi, Fujisawa, Kanagawa

카시와노하 T-SITE(KASHIWANOHA T-SITE)
227-1 Wakashiba, Kashiwa, Chiba

에베츠 츠타야 서점(Ebetsu Tsutaya, 江別 蔦屋書店)
1 4-1, Makibacho, Ebetsu, Hokkaido

츠타야 북스토어 홈즈 신야마시타점(TSUTAYA BOOKSTORE ホームズ新山下店)
2-12-34, Shinyamashita, Naka Ward, Kanagawa, Yokohama

쉐어 라운지 시부야(Share Lounge Shibuya)
11F, Scramble Square, 2-24-12, Shibuya, Shibuya City, Tokyo

무인양품 야마시나(MUJI Kyoto Yamashina)
91 RACTO Yamashina Shopping Center, Takehanatakenokaidocho, Yamashina Ward, Kyoto

무인양품 나오에츠(MUJI NAOETSU)
Naoetsu Shopping Center, 3-8-8, Nishihoncho, Joetsu, Niigata

스타벅스 리저브 로스터리 도쿄(Starbucks Reserve® Roastery Tokyo)
2 -19-23 Aobadai, Meguro City, Tokyo

스타벅스 커피-교토 니넨자카 야사카 차야점(Starbucks Coffee-Kyoto Ninenzaka Yasaka Chaya)
349, Masuyacho, Higashiyama Ward, Kyoto

스타벅스 커피 고베 기타노 리진칸(Starbucks Coffee Kobe Kitano Ijinkan)
3-1-31, Kitanocho, Chuo Ward, Kobe, Hyogo

스타벅스 커피 하나 비요리 홀(Starbucks Coffee Hana Biyori Hall)
4015-1 Yanokuchi, Inagi, Tokyo

블루보틀 커피 교토 카페(Blue Bottle Coffee Kyoto CafÉ)
64, Nanzenji Kusakawacho, Sakyo Ward, Kyoto

블루보틀 커피 산겐자야 카페(Blue Bottle Coffee Sangenjaya CafÉ)
1-33-18, Sangenjaya, Setagaya City, Tokyo

8장 고객과의 접점을 넓힙니다

이케아 하라주쿠(IKEA Harajuku)
WITH HARAJUKU, 1-14-30, Jingumae, Shibuya City, Tokyo

이케아 시부야(IKEA Shibuya)
24-1, Udagawacho, Shibuya City, Tokyo

이케아 신주쿠(IKEA Shinjuku)
3-1-13, Shinjuku, Shinjuku City, Tokyo

블루보틀 카페 스탠드 만세이교(Blue Bottle Coffee Kanda Manseibashi CafÉ)
1-25-4, Kanda Sudacho, Chiyoda City, Tokyo

9장 시간을 점유합니다

블루보틀 커피 시부야 카페(Blue Bottle Coffee Shibuya CafÉ)
1-7-3, Jinnan, Shibuya City, Tokyo

레이야드 미야시타 파크(RAYARD MIYASHITA PARK)
6-20-10, Jingumae, Shibuya City, Tokyo

레이야드 히사야 오도리 파크(RAYARD Hisaya-odori Park)
3-6, Marunouchi, Naka Ward, Nagoya, Aichi

그린 스프링즈(GREEN SPRINGS)
3-1, Midoricho, Tachikawa, Tokyo

스타벅스 서클즈 긴자점(STARBUCKS Circles Ginza Shop)
Circles Ginza, 3-7-6, Ginza, Chuo City, Tokyo

스타벅스 노노와 국립점, 사이닝 스토어(Starbucks Nonowa Kunitachi, Signing Store)
1-14-1, Kita, Kunitachi, Tokyo

도쿄 리테일 트렌드

초판 1쇄 발행 2022년 11월 25일
초판 2쇄 발행 2023년 1월 16일

지은이 | 정희선
펴낸곳 | 원앤원북스
펴낸이 | 오운영
경영총괄 | 박종명
편집 | 최윤정 김형욱 이광민 양희준
디자인 | 윤지예 이영재
마케팅 | 문준영 이지은 박미애
등록번호 | 제2018-000146호(2018년 1월 23일)
주소 | 04091 서울시 마포구 토정로 222 한국출판콘텐츠센터 319호(신수동)
전화 | (02)719-7735   팩스 | (02)719-7736
이메일 | onobooks2018@naver.com   블로그 | blog.naver.com/onobooks2018

값 | 17,000원
ISBN 979-11-7043-363-7 03320